西北大学"双一流"建设项目资助
Sponsored by First-class Universities and Academic Programs of Northwest University

骊山女神文化研究

杨 柳 著

西北大学出版社
·西安·

图书在版编目(CIP)数据

骊山女神文化研究 / 杨柳著. —西安：西北大学出版社, 2023.10
ISBN 978-7-5604-5228-9

Ⅰ.①骊… Ⅱ.①杨… Ⅲ.①骊山—文化史—研究 Ⅳ.①K928.73

中国国家版本馆 CIP 数据核字(2023)第 192942 号

骊山女神文化研究

杨 柳 著

西北大学出版社出版发行

（西北大学校内 邮编：710069 电话：029-88302590 88302607）
http://nwupress.nwu.edu.cn E-mail: xdpress@nwu.edu.cn

新华书店经销　　　陕西隆昌印刷有限公司
开本：889 毫米×1194 毫米　1/32　印张：7.25
2023 年 10 月第 1 版　2023 年 10 月第 1 次印刷
字数：168 千字
ISBN 978-7-5604-5228-9　定价：48.00 元

前 言

"山不在高，有仙则名"，骊山因为有了骊山女神而富有了灵气。从上古的神话传说女娲在骊山补天，到唐朝"骊山老母"名字的正式出现，可以看出骊山女神信仰从古到今并没有在时间上断裂过。骊山老母在历史上的形象演变过程生动有趣，这使得她在唐之后的小说中也演绎着各种各样的女神角色。史料、方志以及文学作品三板块资料相互支撑，使这个千年女神生动、丰富地演绎出多彩的独特形象。

本书按历史发展顺序，从史料和文学作品中挖掘材料，以"史""文"相结合的方式来探讨骊山女神的多样形象。通过收集和分析现存的实体（诸如老母殿前的碑刻、陈列的器具）、符号、画面等各种信息载体，探讨和分析骊山老母。"六月会""补天补地节"是骊山老母民俗活动的表现。对于本书涉及的民俗活动部分，笔者进行了大量的实地考察与田野调查，利用实地采风获得第一手资料，在实践中挖掘出与骊山老母文化相关的更多信息。

本书分为五章。第一章首先从史料中梳理分析唐朝之前骊山老母的形象，从而得出了女神崇拜为母题、女英雄为母题等神话的原型；紧接着从唐朝时代背景分析骊山老母是时代的产物，并且对其特点予以总结。第二章从《阴符经》《黎山老母玄妙真经》等对骊山女神的记载，以及老母提出制约人们行为的"八宝"等，探讨骊山老母信仰的美学精神。第三章用目前学术界应用较为普

1

遍的比较研究法，把骊山老母和其他具有相似性的女神诸如西王母、碧霞元君、九天玄女等作以对比。第四章从唐后小说、戏曲等文学题材中探寻骊山老母和其女弟子们的文学形象，并对她们的形象做一总结。第五章从日常祭祀活动和老母庙会（又叫"骊山老母女媒节""善嗣会""传子会""单子会"）两个部分予以论述，对骊山老母祭祀进行探讨。最后结论部分得出：骊山老母作为一个比较地域化的女神有着世界各国女神的特点，骊山老母的相关研究和民俗调研个案分析，体现着人类史前文化时代的传统特色。

目 录

绪 论 ·· 1

第一节 选题背景及意义 ··· 1
    1.1 道教与女神崇拜 ··· 1
    1.2 山与神仙福地 ··· 8
    1.3 骊山与骊山老母 ·· 10
第二节 研究思路与方法 ··· 15
第三节 国内外研究现状 ··· 17

第一章 骊山老母的历史流变和特点 ··············· 20

第一节 骊山老母唐朝之前的形象 ································ 21
    1.1 远古以"女神崇拜"为母题的神话传说 ········ 22
    1.2 原始女性崇拜的"女英雄"神话母题 ············ 29
    1.3 骊山老母的历史形象 ···································· 33
第二节 唐朝"骊山老母"形象的确立和原因 ················ 39
    1.1 唐朝的时代氛围促使"骊山老母"
         信仰的形成 ·· 39
    1.2 李筌受《阴符经》的故事使骊山老母
         形象最终确立 ··· 43
第三节 骊山女神信奉的特点 ·· 47

1

  1.1 骊山老母具有"民俗"性 …………………… 47
  1.2 三霄信仰凸显了骊山老母传承弟子的特点 …… 52

第二章 骊山老母信奉的美学思想………………………… 55
第一节 老母殿成为信奉者的主要祭拜场地……………… 55
  1.1 临潼老母殿 …………………………………… 57
  1.2 台湾老母宫 …………………………………… 62
第二节 老母传授的"八宝"体现了道教和儒学育德的核心… 64
第三节 《阴符经》中的和谐自然观……………………… 73
第四节 骊山老母的各种画像……………………………… 76
第五节 《骊山老母玄妙真经》的思想内涵……………… 90

第三章 骊山老母与其他女神对比研究…………………… 93
第一节 骊山老母与西王母………………………………… 93
  1.1 两女神形象演变 ……………………………… 93
  1.2 两女神男伴比较 ……………………………… 97
  1.3 两女神司职比较 ……………………………… 100
第二节 骊山老母与碧霞元君……………………………… 106
  1.1 两女神多样的身份由来与形象探讨 ………… 106
  1.2 两女神司职与功能的比较 …………………… 111
  1.3 古代传说中两位女神除暴安良司职的渐缺 … 117
第三节 骊山老母与九天玄女的战神形象对比…………… 118

第四章 文学中的骊山老母及其女弟子形象……………… 129
第一节 骊山老母的文学形象探源………………………… 129

第二节　骊山老母在小说、戏曲中的世俗形象……………… 137
　　1.1　斗法、参战的女战神 …………………………… 138
　　1.2　显灵、显能的神人 ……………………………… 143
　　1.3　教化人的圣母 …………………………………… 152
　　1.4　助徒、关心弟子姻缘的师父 …………………… 161
　　1.5　骊山老母形象总结 ……………………………… 168

第三节　骊山老母的女弟子………………………………… 170
　　1.1　三霄、火母、白素贞等非"俗"弟子 ………… 170
　　1.2　王后和公主的身份 ……………………………… 173
　　1.3　参政、上战场的女战士 ………………………… 179
　　1.4　老母女弟子形象总结 …………………………… 184

第五章　骊山老母的祭祀……………………………………… 187
第一节　日常祭祀活动……………………………………… 187
第二节　老母庙会…………………………………………… 197

结　论 …………………………………………………………… 210
参考文献 ………………………………………………………… 216
后　记 …………………………………………………………… 220

绪 论

第一节 选题背景及意义

1.1 道教与女神崇拜

女神崇拜自从有了人类就开始了，这几乎是世界各民族都曾有过的一种文化现象。在原始的混沌状态下，先民对生命现象的好奇和无法理解神奇的女阴生殖，让他们对女性有着敬畏和无限的遐想，使得他们对女性富有魔力的生育功能一直充满神秘感，这是女神崇拜作为一种独特的宗教形态形成的原因。所以，女神信仰的历史起源自然也比较久远。马里加·吉姆布塔斯曾说过："女神崇拜可以回溯到至少公元前 35 000 年，是世界上最古老的宗教，这一历史的传承能够延伸到时间深处。"著名的神话学家约瑟夫·坎贝尔通过对公元前 6500 年文物的发掘考察，发现了"以伟大女神为基本主旨"的崇拜遗物。① 从旧石器时代到新石器时代，世界上其他文明

---

① Joseph Campbell, *The Masks of God*, New York, Penguin Group, 1968, p. vii.

古国都出现过表达女性崇拜意识的种种雕像,在东南亚,曾经发现了约三万尊属于新石器时代的女性人物塑像。只有当我们考虑了女性基本功能的整个范围——给予生命、滋养、温暖和保护——我们才能理解为什么女性在人类生活中居于如此重要的地位,并且从一开始就具有"伟大"的特征。女性之所以如此伟大,是因为它被包容、庇护、滋养,依赖它,完全听任它摆布。女性身体被公认为创造和转化神圣的加工容器,并受到尊敬。女人的身体成为土地地球的神圣隐喻。利帕德曾说:"女性能够,而且确实能够通过地球的起伏来识别我们身体的形态——山丘和圣山,它们是第一个花园和第一座寺庙。"这就是为什么马耳他史前庙宇(以及世界各地的其他庙宇)是以女性(女神)的形状建造的假设。

在亚洲和非洲的部分地区,仍有土著文化保留着自然女神的传统。这种女神灵性服务于整个社区,女性、男性和儿童,它服务于整个社会的生命、死亡和再生仪式。基本形式始终是自然的循环,以及如何将其视为与不同女神的各种功能相联系。迄今为止,我们一致认为,伟大的女神在人类和神性方面都有代表性,而"她"也象征着地球——丰饶、自然和生命各个方面的丰富流动。如果我们看看地球上发生了什么,以及为什么环保主义者如此关注我们生态系统中发生的事情,那就是因为人类内心深处的母性崇拜。

女神显然在全世界都有过很高的地位。这就是为什么许多古文化本能地喜欢用女性人物比喻或代表无形的超自然力量的存在。这种无形的超越存在就是《道德经》所描述"周行而不殆,可以为天地母"的"道"(也就是现代哲学所说的"本体")。所以女性会比男性更贴近存在,更接近开悟状态。古代艺术造型里,更喜欢彰显女性身体,更能体现未显化的状态。古代神话中,女性的力量是巨大的。她们代表原始的黑暗和光明,既可以赋予生命,又可以收回生命。希腊神话中的盖亚能够孕育神灵、创造生命,拥有至高无上的地位。

中国的女娲造人传说与西方的远古神话极为相似。女性崇拜现象虽然在世界各地几乎都存在过,却没有像中国这样得到如此长久的保持、发展,并与特殊的修行学说结合在一起。中国的女神崇拜具体起源于何时难以定论,但随着原始社会的出现就产生了,而且至少在新石器时代的红山文化遗存中就可以找到根据。我国首次明确了考古发现的陶塑女性裸像属于红山文化,它全面反映了我国北方地区新石器时代的文化特征和内涵。女神庙已出土大量泥塑人残块,它们代表了我国黎明时期的艺术高峰。女性雕塑所展示的硕大腹部、臀部及饱满的胸部是生殖崇拜的象征,展示女性能够孕育给予生命的力量。红山文化与神仙信仰的根源有类同性,体现了原始先民的母神崇拜,是母神创世神话思想的延续。女性孕育生命大地、承担延续后代的责任,她们的柔美与善良给人带来了温暖的爱,这与她们的生殖特性密切相关。原始人类中的生殖崇拜深刻反映了一个绝对庄严的社会意志——作为社会生产力的人的再生产。[①]人类后代的抚养工作充满着劳苦与艰辛,在老子哲学中通过"慈"这个范畴表现出了一种最高形式的爱。这种爱,是母性的爱,是神母的爱,它是道的表现,为慈,即道之爱。当然,中国远古时期女娲造人的故事,以美丽的传说解开了人类从何而来的问题。自然,女娲作为造物主,成为最早的女神崇拜偶像。继女娲之后,洛水女神宓妃、

[①] 赵国华:《生殖崇拜文化论》,北京:中国社会科学出版社1990年版,第36页。

姮娥、妈祖、西王母、掌管风的风婆婆、电母、观音、麻姑等一系列女性被人们视为神仙来崇拜、供奉。随着宗教在中国的产生与发展，相继产生了更多的女神。儒、道和佛教的结合以及本土化的发展，使先秦时期原本就有的"仙"之概念继续壮大，女神崇拜继续演变，并且与各地的民俗活动兼容并进。其实先秦（公元前221年之前）存在女神崇拜与女仙崇拜两种形式，后来由于神话传说的模糊性及心理、伦理、审美等原因，女神崇拜与女仙崇拜发生了融合。

道教对女性的崇拜，若寻根究源，当追溯至母系氏族社会的风俗传统时代。那时，男女虽有一定的分工，但妇女在社会中起着主要的领导作用。姓，《说文解字》里说："人所生也。古之神圣母感天而生子，故称天子。从女、从生，生亦声。"所以按照此说法，姓是女儿从母亲那里移居别处时为了知本的需要而造出来的。① 进而有了女性图腾，女祖先与图腾交配生子等奇异现象。各种图腾内容获得了新的发展与充实以后，即不知不觉中悄悄地注入了生殖崇拜的因素。正如龚维英在《原始崇拜纲要——中国图腾文化与生殖文化》一书中所说，原生态母系图腾相当于女性生殖图腾。② 在原始畜牧业、原始农业阶段，妇女是种植、豢养家畜、制陶、编织等经济活动的主要劳动者。中国古代的姓氏中有姚、嬴、姜、妇、姬、妫、姞、好等，它们的偏旁都是"女"字，这一切都表明了中国古代曾经有过一个以女性为中心的母系氏族时代。这个时代，人们只知其母，全氏族社会的事情由女族长来管理。所以，女性崇拜也就自然成了

---

① 詹石窗：《道教与女性》，北京：宗教文化出版社2010年版，第10页。
② 龚维英：《原始崇拜纲要——中国图腾文化与生殖文化》，北京：中国民间文艺出版社1989年版，第173页。

原始宗教的重要内容。按照当时人们的认知，女神是一切生命，如人类、动物和植物的源头。女神统治着一切自然力量。在社会非常需要宗教的原始时期，那些杰出的女首领逝世后，自然变成人们心目中的神，从而受到祭祀。所以说受崇拜的女性往往是佼佼者，一个人们心目中的英雄。女神受祭祀的程度和她们原先在社会生活中所处的地位是成正比的。她们在社会生活中发挥的作用越大，就越受到人们的崇拜。

中国女神信仰是中国文化的一部分，从远古走来，又向未来走去。我们的文化体系中，好多领域都有过女神崇拜的踪迹。不仅如此，道教在其长期的发展演变过程中，继承了母系氏族社会的文化传统，在先秦时期女性崇拜（女神崇拜和女仙崇拜）的基础上，形成了别具一格的女神崇拜。女神可以说是道教一支庞大的队伍。女神概念虽然在中国出现得较早，但后来的道教极大推动了女神群体的壮大。道教与民间信仰有密切关系，民间自古有之的女神崇拜也使道教的发展与女神信仰交错相生。道教对女性的崇拜，同中国古代原始宗教中的女神信仰也有相当密切的关系。中国原始宗教是多神教，在原始宗教的神团体系里，就有不少女性之神，如西王母在《山海经》和《穆天子传》里已经出现。《山海经》中的西王母形象，还留着原始自然神崇拜的痕迹，那时的她长着一条豹子尾巴，蓬发善啸；而在《穆天子传》里，西王母已经成了一个知书达理的女神了。此书写周穆王打猎巡守，到了昆仑山，遇西王母于瑶池。西王母为周穆王唱了一首歌谣，穆天子向西王母请教养生治国之术，体现了羽化成仙的思想。周穆王还求见西王母并对西王母进行赞颂，表现了周代就有的崇拜女性、女仙的现象。到了战国时期，浪漫主义诗人屈原的《离骚》《九歌》等作品中也有不少女性崇拜的影子。像杜光庭的《墉城集仙录》、赵道一的《历世真仙体道通鉴后集》这样的作品，纯属女仙类传，描绘了绚丽多姿的女仙世界，而且在其他一些非传记道教典籍里，也大量叙述了女性神仙的事迹。

《道德经》是道教哲学思想的重要基础，《道德经》明显地蕴含着崇阴尊母的思想。从这个意义上来说，道教是比较尊重女性的哲学，所以道教总体上有着大量的女仙，她们构成了一个庞大的群体。而佛教在创立初期，认为女人是不洁净的，所以不能成佛；基督教虽然主张男女平等，可是《圣经》中有关女人原罪的记载是永远不能抹杀的；中国土生儒学思想中的男尊女卑观点随处可见。道教确实有着不同于其他宗教的特殊色彩。《道德经》第二十五章说："有物混成，先天地生，寂兮寥兮，独立而不改，周行而不殆，可以为天下母。吾不知其名，字之曰道，强为之名曰大。"①先天地而存在，永恒不停运动着的"道"，是宇宙万物之"母"。而且老子特别强调突出水的作用，指出："天下柔弱莫过于水，攻坚强者莫之能胜，其无以易之。"弱之胜强、以柔克刚等思想强调阴性"水""柔"等崇母主阴的思想。况且女性、雌性、阴性、月亮在一定范围内可以互相替代。所以，道教发展史经历的一些阶段，即原始道教、民间道教和正元道等，女神崇拜都一直居于着重要地位。道教崇拜女神与女仙，与先秦的宗教神话有着十分密切的关系。就这样，传说中的一些有名女性渐渐被神话，成为新的崇拜对象。

先秦时代就广为人知的女神有女娲、西王母、湘夫人、嫦娥；战国时期浪漫主义诗人屈原的名作《离骚》，也有不少女性崇拜的

---

① 王弼注：《老子道德经》（第二十五章），《钦定四库全书》子部，道家类。

影子。在《墉城集仙录》及《历世真仙体道通鉴后集》等几部较重要的传记中可以看到上百个女仙形象的描绘。这些女性神仙有的是根据道教的神秘道理推衍塑造出来的,有的是历史人物的神话主角,有的是根据口头传说整理而"神话"出来的。汉代刘向所撰的《列仙传》就列有"江妃二女"等五位女仙。到了魏晋以后,道教在社会上风行,女性神仙出现得就更多了,以至于魏夫人(魏华存)竟成了上清派的创始人。隋唐时期,女神信仰更加普遍,它深入民众的生活,与女神祭祀、信仰的民俗活动融生发展,可见女性神仙信仰盛况的壮观。道教女性神仙中,无极圣母、碧霞元君、骊山老母、魏夫人、麻姑、何仙姑、孙不二、鲍姑等都是尊高而受人喜爱的神仙。道教从一开始就把神仙之门开得十分宽阔,即便像妖媚之母狐,也同样可以得道成仙。道教不贬低阴性,对于万物中之阴性,道教将之与阳性居于同等地位。

女娲、妈祖、观音在中国内地以及港澳台地区的学术研究已经很兴盛,多方位多角度的系统阐述相当丰富。其他女神诸如西王母、碧霞元君等琼台女仙研究成果也相当多,如有关西王母神话传说研究的博士论文,相关西王母的形象、文化成因,以及造像研究的文章就不胜枚举。国内有关碧霞元君的论文虽然很多,但是西方学者对这位女神的研究开拓了新领域。目前为止,吕继祥《泰山娘娘信仰》算得上是对碧霞元君信仰研究较为全面的著作。国外汉学家、美国福特路易斯(Fort Lewis)大学历史系教授布赖恩(Brian Russell Dott)2004年出版的《身份的反观:中华帝国晚期的泰山朝圣》一书,详细地论述了这位女神信仰的系列问题。

1.2 山与神仙福地

大山自古被人们视为具有某种神秘力量的象征,它成了神仙首选的修行与居住地。山高百千米,神物之所生,圣人、仙人之所集。山这种自然地理优势造成了古人对它的崇拜,乃至为山神的缘起提供了客观条件。山之有神,象征着通天之路,在世界各地和各个民族与国家的原始宗教里都有类似的认同感。古希腊人认为奥林匹亚山有人们熟知的《荷马史诗》中的山神。藏族人心目中的四大神山有卫藏地区的雅拉香波、北方羌塘的念青唐古拉、南方神山库拉日杰和东方神山沃德巩甲。在西方神话传说中,山洞象征着女神的子宫。在汉族神话传说中,大都是一仙居一山,或居一洞府。刘熙《释名·释长幼》云:"老而不死曰仙。仙,迁也,迁入山也。故其制字人旁作山也。"①所以仙居于山上为多,女仙亦此。比如观音居南海,碧霞居泰山,地藏居九华,西王母居玉山,老母居骊山。古人对山川十分崇拜,认为山岳具有一定的灵性,如不祭祀,就会给人类带来一定的自然灾害和社会灾害。而且大山实有功于人,值得祭祀。人们还敬畏自然界中的一切生灵,这与古人对自然界种种神秘的传说有关。如《山海经》里所记的山神水怪都留着自然神话的影子,又如《楚辞》的《离骚》《九歌》《天问》等篇,都显示着超人间生活的神仙意识。至于《老子》理想的"圣人"以及《庄子》中的"至人""神人""真人",都塑造了一种不为物累、游息自在、无事无为的超人思想。于是求不死药、求神仙的风气便兴盛起来。

---

① 李剑国:《唐前志怪小说史》(修订本),天津:天津教育出版社2005年版,第12页。

相关文献记载如下:

> 山川之神,则水旱疠疫之灾,于是乎禜之。("禜"是古代一种用于禳除灾害之祭。)
>
> ——《左传·昭公元年》

> 山有朽壤而崩,可若何?国主山川,故山崩川竭,君为之不举……
>
> ——《左传·昭公元年》

> 夫山者,万民之所瞻仰也。草木生焉,万物植焉,飞鸟集焉,走兽休焉,四方益取与焉。出云道风嵷乎天地之间,天地以成,国家以宁。
>
> ——《韩诗外传》卷三

导致这种仙境思想产生的最直接原因是道教教徒入山修行的宗教实践活动。道教形成以后,随着道士入山隐居、合药、修炼和求乞成仙,群山壮丽的景色、奇峭的峰峦、幽奥的洞壑、从洞中涌出的溪流和山中变化的万千气象,都足以引起共鸣并激发他们的幻想,加之原有的种种传说,从而逐渐形成大地名山之间有洞天福地的观念。[①]而且山林、川谷、丘陵等为老百姓提供衣、食、住、用等物资,它是百姓生命的源泉。隐士"绝迹幽隐"于山林之中会有助于修炼成"仙",达到绝美状态,这样将山水自然美与修道之神秘美统一起来,形成了神仙美学思想的核心,最后达到了仙人与真正隐山之人心与山境完全合一的状态。神仙居于山中是无所谓乐与不乐的,因为面对着"境",心不存在;而境对着心,同样也无境的存

[①] 卿希泰:《中国道教》(第四卷),上海:东方出版中心1994年版,第136页。

在。他们所拥有的是一种净心而空物的无我心态。

白玉蟾曾在《隐山文》中回答了隐于山中的乐趣："善隐山者，不知其隐山乐。知隐山之乐者，鸟必择木，鱼必择水也。夫山中之人，其所乐者，不在乎山之乐，盖其心之乐而乐乎山者，心境一如也。对镜无心，对心无境，斯则隐山之善乐者欤。"①子曰："知者乐水，仁者乐山。"隐居于山中的乐趣看来只有体验过的人才能感受的到，山净化了他们的心灵，给他们带来了神仙般的仙境。

骊山老母的福地位于临潼骊山，它是秦岭山脉的一个支脉，是秦岭晚期上升形成的突兀在渭河裂陷带内的一座孤立的地垒式断块山。骊山山势逶迤，树木葱茏，因远望宛如一匹苍黛色的骏马而得名。相传骊山就是老母的小女儿变的。山的千年不朽与道教宣传的不朽与精神不亡息息相关。"不失其所者久，死而不亡者寿。"山养万物，不求回报，厚德载物与女神的伟大精神相似。

1.3 骊山与骊山老母

骊山②，在今陕西省西安市临潼区南，海拔1302余米，系秦岭山脉的一个支峰，由东岭和西岭组成，为秦岭晚期地壳上升形成的突兀在渭河裂陷带内的一座孤立的地垒式断块山。山势逶迤起伏，

---

① 张继禹：《道藏》（第33册），北京：华夏出版社2000年版，第143页。
② 骊山景色苍翠，秀若织锦，故又被名之"绣岭"。每当斜阳西下，金色晚霞辉映骊山，一幅山景，色彩斑斓，格外绮丽，有"骊山晚照"之美誉，成为"关中八景"之一。北宋朱光庭（1037—1094）："骊山秀色古今同，尽入诗人感慨中。"（宋代朱光庭：《华清偶成》）；清代诗人杨晃明："丹枫掩映夕阳残，千壑万崖画亦难。此时骊山真面目，人生能得几回看！"（清杨晃明：《骊山晚照》）

松柏郁郁葱葱，远望宛如一匹纯黑色的骏马，故称"骊山"。骊山作为秦岭的一座支峰，名声并不显赫，但因其承载了许多历史传说和故事，却在中国文明史中留下了足以令人感动的文化记忆：如："烽火戏诸侯"①"贵妃出浴"②等。它"崇峻不如太华，绵亘不如终南，幽异不如太白，奇险不如龙门。然三皇传为旧居，娲圣既其出冶，周秦汉唐以来，多游幸离宫别馆，绣岭温汤、皆成佳境"③。可以说，骊山所承载的历史故事之丰富，文化之厚重，非一般名山可比肩。

在骊山上，有一位女性被尊称为骊山老母，其信仰早在上古时代就有流传。后世对骊山老母的认知，有许多模糊性，以至于人们把上古一些女神的事迹羼入骊山老母，如被视为创世造人的女娲娘娘的故事，就被移植于骊山老母身上。当地传说中，骊山老母也有用黄土造人、炼石补天、配置婚姻、造八宝等神迹。作为女性神祇的老母，其神迹在很大的程度上，保留了原始母系社会（primitive matriarchal society）的诸多痕迹，同时又反映出父系社会（patrilineal society）对女性的美好特征的感受。如，她是人类心灵的咨询师，帮助人们理解人生、懂得生命的真谛。女神总体上具有"善""柔""弱"的一面，但是她们又在柔弱的外表下显示着无比坚韧的刚强，即《老子》所谓的"柔弱胜刚强"。

---

① 司马迁：《史记》卷四《周本纪》，北京：中华书局 2020 年版。
② 白居易：《全唐诗》卷四百三十五《长恨歌》："春寒赐浴华清池，温泉水滑洗凝脂。侍儿扶起娇无力，始是新承恩泽时。"北京：中华书局 1999 年版，第 4826 页。
③ 刘效祖撰：《临潼县志》卷一《山川》（乾隆本），郑州：中州古籍出版社 2018 年版，第 45 页。

"骊山老母"的称谓，并非一开始就有，直到唐代，其称谓才得以完全形成。而其女神形象也是经历了长期的生成、演变，逐渐丰满起来，并在民间广泛传播。有关骊山老母的研究成果，并不丰硕；所示问题，也较单一。故本书不揣浅陋，意欲添砖加瓦。

西安临潼的骊山，虽没有泰山之高、昆仑山之有名，但山上有一座有名的老母殿。正如老母殿第一殿门对联写的："天地人寰肇始老母乃先祖；日月星斗生辉大道是本源。"乾隆本《临潼县志》还记载了骊山与太华山、终南山的比较，突出其历史地位："至若南阜烽台，北山石岩瓮寺，蕊烽之标名，琴垒之斗巧，往迹俱在，炯鉴匪遥，非第一邑之胜观已也。"秦以前，郦、丽、骊、俪等字皆与"骊"字通用。故骊山的名称自古至今变化繁杂，分别有过丽山、骊山、郦山、蓝天山、梨山、栗山、昭应山、绣岭山、临潼山等十几种称谓。其中，丽山或为最初之称，"郦"或为秦时的郦邑。近几年从秦始皇陵兵马俑坑出土的陶文中有写为"栎""俪"者。然"骊山"则因周代之骊戎国而得名，较"丽"字晚。《古今姓氏书辩证》云："骊，姬姓之戎在骊山者，因山以为名，国以为氏，晋骊戎之国也。"①周之骊戎国在此山下，因名"骊山"。骊戎，商代中期称为"丽"，商末周初成为"骊"，西周时期成为"郦"，之后随部落的迁移，又有了"丽""郦"等叫法，直到最后被简称为"郦"。因此，当地人的"骊"字姓氏亦随其字变化而更改。经田野调查，当地人所供奉的骊山老母，或称骊山老姥。"姥"通"母"，故二者实为一。骊山的多种写法也就使得骊山老母有了多种称谓，如"黎

---

① 邓名世：《古今姓氏书辩证》卷三，王力平点校，南昌：江西人民出版社2006年版。

山老母""梨山老母"等,皆为同音字而来。可以说,骊山所承载的历史是厚重的。

《骊山老母玄妙真经》:"老母乃斗姥所化,为上八洞古仙女也。"①《玉清无上灵宝自然北斗本生真经》则说,乃元始天尊先天之阴气,托化西洲天竺国。斗姆元君自己说:"吾语汝,吾即摩利支(pū)天万泰阳也。天皇之前,吾已出世,地皇之先,吾住西洲天竺国,运大神通,往来印度,继见北周郁单越周御国王辰祭从,心慈好善,因往助之;觅净土,筑垣阙,持书戊己之宫,实养金胎之室,一团神气,三次超脱。为生圣嗣九头。长曰天英,是为人皇,后升玉真仙灵;二曰天任;三曰天柱;四曰天心;五曰天禽;六曰天辅;七曰天冲;八曰天芮;九曰天蓬。琼林玉蕊,亭亭森森,是为九子,皇号九皇。人皇与群季分治九州,称居方氏,仁风灏荡,普惠群生。九皇升举,子母同居。元始称吾为先天道后,以着养育九皇之德。鸿钧在手,掌握斗枢。九皇上映九星,九星环绕一垣。吾凭一杰妙,更化七元君,九辰或下世,七元代运行。"②这说明,斗姆元君原本是古印度民间崇拜的男性神祇,为火星(aṅgāraka)、生主(prajā-pati)或梵天(brahman)之子,系七大仙人之一迦叶波仙人(ṛṣi kāśyapa)之父,为风神(vāyu),主要在庶民中影响广泛。后被佛教收编,渐演变为摩利支天(maricideva),由男变女,成为一位能够自我隐形而为众生解难除障、施利给益的神女。

---

① 陈梦雷编纂:《古今图书集成·博物汇编·神异典》,北京:中华书局1985年版。
② 长春真人撰《正统道藏》(第一册),《玉清无上灵宝自然北斗本生真经》洞真部文本类第一卷,台北:新文丰出版社1985年版。

佛教入华，摩利支天即被道教吸收。按道教的说法："指修山中，有九异人，乘云车，能御空驾，乃北洲域，单越周御国王之子。其姥摩利支，西洲天竺国人，有大神通，出则阳炎，能游行四海，知北洲域，单越周御国王，辰祭从好善，因与之生圣子九头。摩利支以万为姓，号泰阳。天姥教九子之以法，……兄弟各居一方而治，又曰居方氏，人皇在中区设教，宣化八方。"①周御国王有九个儿子，其妃为摩利支天，号"紫光夫人"，又号"泰阳"，她教九子法术，使其各据一方而治。其九子成为道教天界"玉皇大帝"座下辅臣北极紫微大帝、勾陈上宫天皇大帝及北斗七星。其中前二者与南极长生大帝、承天效法后土皇地祇并列为"玉皇大帝"之"四御"。

　　看来，骊山老母的叫法比较多，有的资料甚至认为这个骊山老母就是女娲娘娘。老母塑像的顶端横幅写着"创世圣母"，这个老母殿就是从商朝时期的女娲祠演化过来的。从上古的女娲、漂亮的女仙形象到唐朝的老母命名，都表现出对这位女神的敬畏。《汉书·礼乐志》中有关于"后土富媪"的记载："后土富媪，昭明三光。""富媪"即地神，汉代将地神刻画成带有老母形象的女性角色。"媪"为老母之意。《汉书·礼乐志》："坤为母，故称媪。海内安定，富媪之功耳。"骊山老母之所以称老母，是一种尊称，也是一种敬称。老母殿山门外面有"炼石补天苍生千秋颂伟业；抟土造人香火万代入青云"的对联，横批写着"万化之门"。如果骊山老母果真是女娲，那为什么她的名气远远逊色于其他女神呢？如果骊山老母作为异于女娲的另一位神君，她到底又是谁呢？人们难以确定其地位是因为

---

① 长春真人撰《正统道藏》(第十册)，《太上玄灵斗姆大圣元君本命延生心经》洞神部文本类一卷，台北：新文丰出版社 1985 年版。

她在历史上的演变复杂、身份多样吗？总之，对骊山女神的身份辨别与考证显得至关重要。

在民间，人们对骊山老母的信仰较为虔诚，相关的民俗事项仍在延续。很有必要对骊山老母信仰做一个系统的研究，为中国女神库增添新内容。以骊山女神信仰为主旨的学术论文收集在李炳武编著的《骊山女娲文化论文集》里，一些相关的系列文章零散有人提及。写骊山老母的大部头专题研究未曾见到，也没有以她为主要内容的博士论文，所以笔者想就这一专题进行尝试性的论述。

第二节　研究思路与方法

骊山老母信仰自从唐朝后正式形成，很多明清小说中提到了骊山老母。本文通过收集和分析现存的图像及文献资料来探讨骊山女神在唐朝前的形象。对所有涉及骊山老母的资料一一查找、阅读，用目前学术界较为普遍的比较法，对骊山女神历史上曾出现的几种称谓、形象，以及形象演绎做分析，得出一些规律性的认识。纵向对比骊山老母形象的历史演变，找出"共同点"的原型模式；横向通过类比其他女神诸如西王母、泰山女神、九天玄女等，来异中求同找出共性，或同中求异找出各自的特点。

还有一些国外学者，他们对中国女神的研究颇多。例如：Cahill, S.: The Image of the Goddess Hsi Wang Mu in Medieval Chinese Literature (Ph. D.dissertation, U. C.erkeley, 1982, Ann Arbor Cahill, S. 1990); Dubs, H. H.: An Ancient Chinese Mystery Cult (Harvard Theological Review); Goldin, P. R. On the Meaning of the Name

Xiwangmu, Spirit Mother of the West (Journal of the American Oriental Society);等等。外国许多著作也翻译成了中文,诸如韦斯谛的《中国大众宗教》里涉及了对泰山女神碧霞元君的信仰研究内容。美国一些汉学家对中国女神研究的范围有扩大之趋势,衡山女神、华山女神先后被纳入了他们的视野,这些成果为研究骊山女神提供了某些独特的视角和研究方法,为对比研究骊山女神提供了素材。

为了搞清与骊山老母信仰相关的民俗活动,如"六月会"(又叫"骊山老母女媒节""善嗣会""传子会""禅子会")、"补天补地节"等习俗,笔者运用民俗学的基本研究方法,即田野调查进行实地考察,了解信仰生活的真实面目。通过调研、实地采风等,从实践中挖掘出骊山女神信仰更多的信息和在民众中的影响。骊山东绣岭,至今有"女娲炼石处"遗址,山上还有"滚磨成婚"的物证,这些都印证了骊山老母补天、女娲高媒的传说。二月二十日,骊山周围家家户户烙麦饼吃,并将一张饼扔到房顶上,用这种方式表示祭祀女娲氏炼石补天。新中国成立前每年六月初四晚,在骊山老母殿下一片树林里举行"打狼会"(打郎会)。此活动创造了男女相约的机会,投射了古老原始氏族婚姻制度的图景。这些与老母相关的民俗活动属于人类史前大文化的一部分。

对于大众进香或过庙会,一是偏重于行动者主观意义的诠释,从各种仪式脉络中一再出现的象征和行为特征,诠释行动者的意义;二是从情感性的俚语和用词,来了解进香者的情感状态和感觉,通过这些惯用的语词,掌握他们如何建构自我的进香经验;三是根据参与观察进香的庙会活动尝试了解进香过程的特质,并且通过和香客的互动和访谈,了解仪式的意义,以及人们参与仪式的经验和情境;四是基于人类学的研究理论,无论多么强调对社会与文化的理解，都不可能离开对于人的探讨。因此我在田野调查中不光积累资料，还必须站在"人"的立场，去了解和体验他人的生活世界，包括知识的和情感的，甚至是情绪的因素。

第三节 国内外研究现状

从知网搜集到国内关于骊山老母的学术性论文有陈颖、陈速的《骊山老母考辨》，作者在这篇文章中从史料上进行分析，认为骊山老母是商周时期的一位杰出女酋长，又从文学文本中，对骊山老母形象做分析，最后剖析骊山老母为何在唐朝成仙、受人尊敬，得到人们的信奉。刘相雨写的《古代小说中骊山老母形象的演化及文化阐释》，[①]通过《太平广记》和《太平御览》等史料论述了老母形象的演化，并分析《说唐三传》《反唐演义全传》《宋太祖三下南唐》作品中骊山老母的角色特征，对其中的文化予以阐释。还有一些论文以女娲氏为名，对骊山女神进行论述，论及她的渊源、相关文化及历史。南开大学于丹博士论文《清代小说中的女仙研究》指出，自从有了道教后，人们认为女娲就是骊山老母，并引用《汉书·律历志》《路史》《长安志》等文献作为佐证。笔者认为，于丹把两位女神合为一体显然不妥。如果骊山老母真是女娲，那当地干脆直接把这位神君命名为女娲娘娘，把她所在的庙宇叫作女娲宫，何必另起炉灶把这个庙宇叫作骊山老母宫呢？女娲是古老的女神之一，她

---

① 刘相雨：《古代小说中骊山老母形象的演化及文化阐释》，《阜阳师范学院学报（社科版）》，2004年第2期。

是一个概念化的人物，古代文献上没有记载骊山是女娲神话的发生地。女娲这个虚拟的人物早在各种材料中有所描述，可是为什么到了唐朝骊山出现了个"老母"形象并用"骊山老母"正式命名？为什么史料上没有说她就是女娲，直到当代人们才把她看成是女娲？陈崇凯的《骊山女娲遗迹与古代的人祖庙会》①及李炳武编著的《骊山女娲文化论文集》②，刊载了一系列有关骊山女神身份辨别的论文，是骊山女神研究的一次成果汇集。西安市宗教文化丛书系列之一的《骊山老母宫》③由金明立、高锋编著，全书系统地介绍了老母宫的历史沿革、今日老母宫情况和老母宫的神仙源脉。当然，这本书对离老母宫不远的朝元阁也做了相关讲述。

还有一些学者把骊山老母看成是陕西女娲文化的遗存，认为陕西骊山一带是陕西女娲遗存的主要分布。他们以骊山上的老母殿、人祖庙、炼石处、补石台，以及女娲与伏羲兄妹成婚滚石验证处为由，并用验证过的磨子沟"婆父圣硙"为佐证。1972年至1979年，在陕西临潼骊山北麓发掘出的仰韶文化早期原始村落姜寨遗址中出土了大量彩陶，在彩陶盆壁上画有写实蛙纹图画，学者们认为它们是女娲氏的图腾标志，当地就是女娲部族生活过的地方。笔者认为，那些女娲文化遗迹只是富有历史沉淀和代表性的神话文化地区所拥有的共性特征，是原始部落生存的时代印记之一。

台湾出版有《〈骊山老母玄妙真经〉白话释析》一书，作者用

---

① 陈崇凯：《骊山女娲遗迹与古代的人祖庙会》，《民俗文化学报》，1990年第4期。
② 李炳武：《骊山女娲文化论文集》，西安：三秦出版社2006年版。
③ 金明立、高锋：《骊山老母宫》（内刊），2006年。

白话文作以注释，便于读者理解。《骊山老母玄妙真经》由下面几个部分构成：皈命骊山老母玄妙大慈尊、恭请骊山老母宝诰志心皈命礼、骊山老母玄妙真经懿德成仙金章曰、礼赞（每句加念骊山老母玄灵妙元大慈尊）、修道玄明灵章曰、骊山老母玄妙真经的终结。骊山老母有自己的经文，她的影响是比较大的。

  由于骊山老母是陕西地区的一位女神，名气不如妈祖、西王母等其他女神大，国外学者目前对她论证的专门文章不多。不过，在国外学者一些著作的某些章节中，对骊山老母倒是有所提及。如 Qingsong Shen 写的书 *Wisdom in China and the West: Chinese Philosophical Studies*,[①] 他在 "Wisdom in Women's Religions Experience and Existential Choice" 一节中谈到宋朝王夫人曾遇骊山老母，并请教她人活着的意义。骊山老母告知她用《易经》理解人生，并教她如何与道合一。还有詹姆斯（James Miller）写的 "Women in Contemporary Chinese Religious" 中谈到香港天后、老母均为道教中的灵验女神。他还说西安的骊山老母和创世造人的女娲被人们混为一体，认为老母用黄土造人、炼石补天、配置婚姻、造八宝；老母的功绩和佛教男性世界是绝对不同的，她是人类心灵的咨询师，帮助人们理解人生、懂得生命的真谛。詹姆斯认为儒学的美德归功于女神，这一点特别值得注意。

---

① Qingsong Shen, Wisdom in China and the West: Chinese Philosophical Studies NY: State University of New York Press, 1994.

第一章　骊山老母的历史流变和特点

按骊山老母之所本，骊山老母并非实有其人，但骊山老母为道教尊奉的神仙，则由来已久。骊山老母信仰在历史上出现的记载不是很早，但远古时期就有与骊山女仙相关的神话传说。商朝、秦朝种种与骊山女神有关的故事令人回味，成为小说中的素材。有关骊山老母的古籍神话，早经重构，算不得是原始记录。仅仅通过看这些资料本身，想去复原古代骊山老母的神话原貌，或揭示其原始含义，是令人费劲的。骊山老母的形象不断变化，其流传方式也不断变化，甚至她的祭祀宗教礼仪也在变化，这和神话传说不断变化的特点相一致。唐朝后期这位女神以"骊山老母"形象出现，之后，骊山老母似乎就成了人们脑海中固化的老母形象，人们的信仰逐步形成。即使现在，人们站在一个特定的角度远观骊山，它山形起伏，很像一个女人安详地躺在那里。她的眉骨隆起，鼻梁高挺，下巴微翘，分明就是骊山女神的形象了。这个千古女神经过历史的发展最终以"骊山老母"之名在大众心里扎根。下面对骊山老母在历史上的演变和发展过程予以梳理。

第一节　骊山老母唐朝之前的形象

荣格曾说:"有多少种典型的情境,就有多少种原型存在。无数次的重复已经将这种种经验刻入我们的心灵结构之中。不过,其刻入的形式并不是满载内容的意象形式,而是一种起初没有内容的形式:这种形式仅仅相当于知觉和行为某种类型的可能性。"[1]骊山老母信仰是原始先民面对万物产生神灵幻象的早期创作,与老母有关的传奇表现她的历险和胜利,让内容富有神奇梦幻色彩。老母的信仰原型按照荣格定义可以分为大地母亲原型、英雄原型和权力原型。大地母亲原型就是以"女神崇拜"为母题的骊山老母神话传说;老母的英雄原型来源于原始"女英雄"的神话;而她的权力原型充分体现在她教训"帝王"为主题的神话传说当中。

骊山老母既是神,也是仙。神是自然存在的,是一个超自然体。是被供奉祭祀的所有存在。这些存在是一个没有实体的、虚无缥缈的"灵",由此可见,起初神是自然界中幻化而来的,以及本就没有肉体、以精神作为依托的、死去的存在。《庄子·逍遥游》有云:"藐姑射之山,有神人居焉,肌肤若冰雪,绰约若处子,不食五谷,吸风饮露,乘云气,御飞龙,而游乎四海之外。"神人不吃凡间的五谷,只吸风饮露,并且还能腾云驾雾,御龙飞天。《山海经·大荒西经》也有关于神人的记载:"有神十人,名曰女娲之肠,化为

---

[1] 卡尔文·霍尔:《荣格心理学纲要》,郑州:黄河文艺出版社1987年版,第8页。

神，处栗广之野，横道而处。""仙"代表着人通过修炼之后获得长生不死的能力，神是本身就存在的，仙是可以通过努力拥有的；神需要摒弃肉体而死，仙是不死永存。《说文》："仙，长生仙去。从人从山。"段玉裁《说文解字注》引《释名》："老而不死曰仙。仙，迁也，迁入山也。故其制字人旁作山也。"骊山老母的女神崇拜与女英雄崇拜原型融合了神与仙的两重特性。

1.1 远古以"女神崇拜"为母题的神话传说

母性是一种亘古永存的东西。它不仅与人类共始终，而且与所有的生命共始终，从根本上说，它与我们这个孕育生命的星球共始终，与大地和苍天共始终，与宇宙太极共始终，并深蕴在宇宙万物一切有生命和无生命的体内。它就是一种原始自然性。我们的远祖初民本能地知道这一点。在原始思维中，在原始神话里，大地是大地母亲，草原是草原母亲，河流是母亲河，野兽是母亲图腾。迄今为止，我们一致认为，伟大的女神在人类世界和神性方面都有象征着丰饶自然和生命、循环的特性。恋母，不仅仅是眷恋自己的生母，它可以指眷恋世间所有的阴性物质。恋母的心态是合乎天道自然的至美人性，是人不能摆脱那缕发自心灵最深处的恋母心绪，是蕴藏于每一个生物体内最深处的原始本能——返璞归真、回归自然的生命趋势。

原始高祖母（proto-great-grandmother）是原始母系社会的一个标志。其社会结构是按氏族母系计算世系血统和财产继承制度的。母系社会的先民，只知有母而不知有父，氏族全体成员崇拜共同的始母。骊山老母的"骊"字的多种写法虽容易让人们对她的神格身份认同（Godhead identification; cultural identity）产生混淆，但对其女性始母的性别形象不会有丝毫的误会。下面三则有关老母的传说，都体现了回归自然的生命趋向、母亲意向、助人为善的美德。

故事一：骊山女神补天壮举

骊山女神又称女娲娘娘，又称娲皇、女阴、有蟜氏、风里希、风里牺等。女娲娘娘本是华夏民族的始母（original mother），其炼石补天、抟黄土造人等创世神话，家喻户晓，无须赘言。而在骊山的神话故事互文性（intertextuality）的流传中，女娲娘娘的炼石补天神话的地点，被移植到了骊山。据说，骊山的半山上，有一"驮山龟"。相传在远古时期，天塌地陷，水患漫延，女娲娘娘炼彩石，补苍天，救黎民，功感天帝，于是天帝派东海神龟助女娲一臂之力。大功告成后，神龟意犹未尽，愿千秋万代守护人间，守护为人类造福、效劳的伟大的神女，遂将女娲所乘骊骏驮于其背，转化为石头，朝夕服侍在女娲的左右，随时听女娲调令、派遣。这样，此石便成了驮山之神龟的造型。骊山老母的信仰之地，传扬的是女娲娘娘的补天壮举，说明当地的民间信仰是将二者融为一体了。于是，在骊山老母殿门刻有对联："万化之门——炼石补天苍生千秋颂伟业；抟土造人香火万代入青云。"清代临潼的县令陈嘉策曾赋诗盛赞骊山老母的补天壮举：

骊山老母炼金石，赤电闪光金液滴。鼓荡元气开天门，倒泻天河通地脉。紫釜红炉煮不休，空山夜半鬼神泣。鸿蒙一破丹井流，万古乾坤泄精秘。

下界尘浊人不知，呼作温汤供洗涤。阿房火后唐殿荒，此水千年还不息。朝来冠盖始回镳，薄暮轩车又投驿。僮仆咆哮纷杂沓，妇女招携偏络绎。此间管领有县官，送往迎来苦供忆。反教下吏怨神仙，灵湫毋乃太狼藉。我来剧邑无多时，一浴徘徊三叹息。神异都归造化功，流波俱仰圣王泽。方期宇宙济太和，何惜区区折腰力。①

上诗描述骊山老母炼石补天的场景和过程，可谓是惊天地泣鬼神。下诗赞颂骊山老母"造化"之功勋，表达县令自己愿像骊山老母一样，为"宇宙济太和"的殷切愿望和"不惜折腰力"造福一方的决心。诗后题署"燕山陈嘉策"，下押方形印章两枚；而实地的骊山老母殿塑像顶端的横幅也写着"创世圣母"。可见，民间的造神，并不一定讲究源流，只要对其有利，不管是谁的故事，都可以拿来借用。久而久之，使得后来人也难以辨析、考镜源流。

老母与两个女儿补天一说是中国传统思想"母亲意向"的典型表现，与西王母在中国传统文化中有五女说的提法近似。这是具有原型性的阴、母象征，是庇护者、养育者的大母神原型，也是体现中华民族尊母敬母孝道文化的根本传承。女神信仰并不是现实中的自然现象，但它在人类精神世界中作为崇拜对象挥之不去，成为人类信仰的永久主题之一。当然，老母也是一种文化符号，是大地母亲（earth-mother），也是呼唤人们回归母亲怀抱的母题原型之一。因此，女性被神秘地认为是与地球合一的，生育被视为人类生育能力的变体。所有与生育和出生有关的宗教经历都有一个宇宙结构。女人的神圣取决于地球的神圣。女性生育力有一个宇宙模型，即通用基因。

---

① 陕西人民出版社课题组编：《第一批陕西非物质文化遗产图录》，西安：陕西人民出版社 2008 年版，第 234 页。

大地母亲的原型在世界各地都有，是人类思想所向往和回归的地方。只有当我们考虑了女性基本功能的整个范围——给予生命、滋养、温暖和保护——我们才能理解为什么女性在人类象征中占据如此重要的地位，并且从一开始就具有"伟大"的特征。女性之所以如此伟大，是因为女性的包容、庇护、滋养，新生生命对母亲的依赖，养育成人过程中母亲的忘我付出。

老母补天的壮举还体现了母性、阴性在人类发展史上不可磨灭的作用，她们服务于整个社会。至今在土著文化里还保留着崇拜自然女神的传统，这种女神灵服务于整个社会的生—死亡—再生的自然循环过程。骊山老母的两个女儿继承了母亲的优良品质。女性与生俱来、责无旁贷保护子女的本能，愿意为子女付出一切的大无畏精神，是血浓于水亲情自然的表露。母子间血缘的传承让子女与母亲有天然的依恋与强烈的心灵感应。母子间剪不断的亲情，母对子的关心、子对母的孝顺；母对子的牵挂、子对母的依恋。这与传说中骊山老母补天的"母亲意向"主旨一致。人人皆从母腹中来，在母爱中成长。母亲怀胎的艰辛、分娩的疼痛以及不惜一切的养育之恩，让我们对母亲有着依恋和尽孝的义务。俗话说："羔羊吃奶双膝跪，乌鸦尚知反哺恩。"诗言："谁言寸草心，报得三春晖。"况且，老母还被认为是"治世圣母"，在民间像女娲一样治世、救人。这样有母性的母题意识是创作的源泉，是艺术直接或间接的描绘主题。这个传说就是提醒后人要传承中华民族知恩、报恩的道德意识和尊母、敬母的孝道精神。

故事二：老母惩治贪心县官

据民间传说，骊山老母补天后剩下一块石头没有用上，丢在了骊山上变成一块宝石。每当夕阳西下,金色灿烂的阳光照射骊山,宝石便会发出一片紫红色的光彩,璀璨夺目。其时,临潼县太爷为人贪婪吝啬,欲将宝石奉献皇帝。于是派人挖到宝石,用镶金的红漆匣子装着送往长安。不料匣子在路上坠落于地,摔开一个豁口,宝石从豁口掉出,滚到路边一位白发苍苍的老婆婆脚旁。老婆婆弯腰拾起宝石交给了差人。可是当县令将宝石呈献给皇上时,宝石却变成了一块普普通通的石头。皇上大怒,责令县令在3天内献上真宝石。县令认定是老婆婆换了宝石,便抓来了50多位满头银发的老婆婆,对其挨个拷问,但无果。当事差人说捡宝石的老婆婆上骊山了。县官遂带人上山,一直追到了老母殿。哪知道神龛上的骊山老母金像与路遇的老婆婆一模一样,手里真拿着一块宝石。县令夺宝心切,扑上去想拿宝石,不料跟跄倒地,不省人事。原来县令路上所遇者正是骊山老母。老母为夺回宝石,不让宝石落在贪官和皇帝之手,便化成了老婆婆,巧妙地用顽石调换回了宝石,并最终惩罚了那个残害百姓的县令。①

  骊山老母的这则神话传说,无疑是原始先母的一种伟大品格在人们文化记忆(cultural memory)中留存的映射。在以女神为母题的文化记忆中,始母永远是最伟大、最慈爱、最善良、最正义、最坚强、最刚毅的代表和化身,是化育万物的象征。因此,在民间的历史叙述中,象征始母的骊山老母就成为制约世俗各级权力(上到帝王,下到小吏)的有效力量,是维持下层民众正常生活、免受贪官污吏、地痞无赖压榨、欺负的保护伞。这种愿望和祈盼正反映了民间崇拜的心理需求和精神寄托。可以说,女神始母的崇拜在一定

---

①石怡:《神话传奇寻史迹》,北京:中国戏剧出版社2008年版,第79页。

程度上分散、削弱了男性社会秩序的高度集权、威权、强权的统治，起到了平衡、协调社会内部心理结构的作用。

故事三：身为玉皇大帝三女儿的骊山老母

据传说，骊山老母是玉帝的三公主，是玉帝所有女儿中长得最漂亮也最善良的一个，深得众神仙的喜爱。原本三公主一直无忧无虑地生活在天宫，后因天上的三条恶龙作乱人间，残害百姓，三公主主动请缨下凡捉拿恶龙。在此期间，三公主喜欢上书生杨天佑，并与他结婚生子，起名杨戬。玉帝知道后，将三公主压在桃山下。后来杨戬长大，拜玉泉山的玉鼎真人为师，学得了一身武艺。后因救母的孝心感动了玉帝，玉帝下特旨赦出了三公主。[①]

后来，秦始皇统一天下，他为了显示自己的功德，征集老百姓为他在骊山修建宫殿。为了加快修建速度，始皇派遣大量监工监督老百姓日夜加班加点干活。百姓不堪忍受、怨声载道。这些被三公主看在眼里，她不忍心看到老百姓步履艰难地行进和因劳作而被扁担压弯的腰。于是便拿出一把细小的红线往下撒，落在百姓的扁担上。瞬间，老百姓的担子变得很轻很轻，他们个个喜形于色。

这事被秦始皇知道了。他想把这些有神奇功能的红线收集起来拧在一起，结成一根粗粗的神鞭。最终始皇得到了神鞭，欣喜异常。他想用神鞭把骊山旁边的两座山赶到东海，因为这两座山妨碍他在骊山上修建宫殿。

龙王害怕大山毁掉自己的龙宫，便去玉皇大帝那里求救。骊山是三公主修行的地方，玉皇便派三公主处理此事。三公主法力大，

[①] 石怡：《神话传奇寻史迹》，北京：中国戏剧出版社2008年版，第81页。

人又聪明。她变成了一个如花似玉的仙女出现在秦始皇面前。始皇见到三公主,一下子被其美色吸引。三公主趁他失魂落魄之际,拿走神鞭,化为一阵风飞到天上。

再说秦始皇看不到风华绝代、倾国倾城的三公主,思念成疾,便踏遍山山水水去找,搜集全国所有的美女组建三宫六院。皇帝霸占的女子太多,有老百姓就娶不到妻子,有人责怪三公主。从此之后,三公主再出现在人间的时候,就不再化作美丽的年轻女子,而成为老妪。

老母惩治始皇对人们的暴行这个故事传说也并非完全没有事实,秦始皇时代的"骊山徒"就是修建阿房宫的。《史记·秦始皇本纪》这样记载:"隐宫徒刑者七十余万人,乃分作阿房宫,或作丽山。"①它说有七十多万人,这七十多万人分作两拨,一拨去"作阿房宫",一拨去"作丽山",这个作就是作文的作,这个"作阿房宫"跟"作丽山"是分开记载的。可见,修阿房宫的人叫"作阿房宫",修秦陵的人叫"作丽山"。人们为了在骊山修建陵墓,确实受尽苦难。老母帮助人们解脱苦难的传说是人们为了精神上慰藉而编出来的。

相比创世圣母,老母在这则故事中成了救助百姓的超人。其身份的重叠与嫁接,让我们看到骊山女神在世界的残存事迹及透露出的文化形态。骊山老母兼有原始神和始祖神的特征,然而在后世小说中的老母却有了巫术神的特点。骊山老母在这三则传说的主题有:补天救人,惩治迫害百姓的县官,作为三公主的骊山老母从秦始皇神鞭下解救服苦役的民工。所有这些都反映了远古"母性"的伟大,实际上是人们对母性的慈祥与温暖的心理需求的体现。

---

① 司马迁:《史记·秦始皇本纪第六》,长沙:岳麓书社2002年版,第48页。

1.2 原始女性崇拜的"女英雄"神话母题

当然这位女神的出现也有可能是把一个真实的女英雄神化。据《史记·秦本纪》申侯说:"昔我先郦山之女,为戎胥轩妻,生中潏,以亲故归周,保西垂,西垂以其故和睦。"①晚清俞樾说:"臣十人,有一妇人,戎胥轩妻氏,即后世称为骊山老母。"②又传说,这骊山老母还曾帮助周武王治理国家,立下了汗马功劳。很有可能,由于这位女子有才、戍边疆有功而被当时的人们"神"化了。骊山老母是保西陲的领袖,她是积极的活动者,充满了活力,属于人格化神的英雄化人物。像骊山老母这样对人们有特殊贡献的历史人物,大家不但追述其功勋纪念他们,有时还夸大地加以粉饰,编成神话加以传播,这是常见之事。况且今日的骊山,乃古西戎族分支骊戎之后栖息地,西戎族乃黄种人、游牧民族。她的事迹不但说明她是原始社会一个部落的女酋长,而且其部落还是一个相当强大的部落,活动区域相当广,以骊山为中心。在今天骊山附近也分布着原始社会的许多部落遗址。1973年西安半坡博物馆在距骊山二里的姜寨村发掘的原始社会村落遗址,就是其中规模比较大的一个,距今约6000年左右,因发现于姜寨村,所以被考古界称为"姜寨遗址",这里发掘有房屋遗址以及大量陶石等文物。在临潼当地人称戏皇峪(戏河峪)的地方,峪中有一个古堡寨,东西宽30米,南北长165米。经发掘有古代青铜环、玉器,及刻有条状文字、符咒的石块等。

---

① 司马迁:《史记》,中华书局1982年版,第177页。
② 俞樾著,陈景超点校:《经课续编》卷四《有妇人焉解》,《俞樾全集》(第6册),杭州:浙江古籍出版社2021年版,第103—105页。

由于遗址南有降龙木树两株,人们将这一古城遗址与北宋传说人物穆桂英联系在一起,称其为穆柯寨。宋《长安志》载:"骊戎故城在县东二十四里,殷周时丽戎国城邑,城高一丈五尺……"从方位、距离、规模和出土文物看,这个古城堡都与古籍记载接近,这个古寨可能是骊戎国城堡。看来古骊戎的城邑就在这附近。

骊山女神的英雄身份酷似生活于公元前 12 世纪前半叶商王朝的妇好。妇好是我国最早的女政治家和军事家,也是中国历史上第一位有据可查的女英雄。她亲自率兵征伐羌方,为商王朝形成"邦畿千里,维民所止,肇域彼四海"的广大疆域奠定了基础。

商王朝在武丁继位初期,国家十分混乱,除了内部诸侯叛乱不朝,外部还有敌国骚扰入侵。所以,保卫边疆可以使商这个部族免除分崩离析的局面。商王的主要任务就是开拓疆土和掳掠奴隶。商王曾派将军征战夷国,可是形势并没有好转。据甲骨文记载,妇好出身贵族,她聪明伶俐,而且美丽贤惠,深受商王的宠爱,由于时常陪伴在商王的左右,因而她的军事才能并未表现出来。这可能是因为妇好作为一个王后,一般是不愿意在别人面前表露她爱武的一面。商王也是通过一次偶然的机会才知道自己的妻子妇好是一位将才。那一年北方边境发生外敌入侵,派去征讨的将领久久不能解决问题,妇好便主动请缨,要求率兵前往助战。武丁无奈只有抱着试一试的态度让妻子前往参战,没想到,妇好一到前线,调度指挥有方,很快就击败敌人,取得了胜利。妇好在战场上不仅英勇善战,而且善于用计谋,比如刺探对方"军情",等待良机进攻,或者给对方设下埋伏。在甲骨文中就有关于妇好战争获胜的记录:"辛巳卜,登妇好三千,登旅万,呼伐羌。"妇好召集三千精锐,又汇集一万普通士兵向西部讨伐羌。现在河南安阳的妇好墓里有兵器作为陪葬品,尤其是一件9公斤重的大铜钺,上面不仅有双虎噬人纹作为装饰,还刻有"女好"之字。后来专家考证之后认定,这就是妇好作战时用过的兵器。妇好墓中的大鼎,仅次于后母戊方鼎。商王武丁非常信赖她,经常令她主持当时非常重要的祭祀并朗读祭文,还任命她为卜官,成为武丁时期的一位女政治家。妇好喜欢珠宝首饰,嗜玉如命,其墓冢出土的玉器达755件。墓地里还有刻刀、铜镜、骨笄、玛瑙珠等陪葬品,这说明妇好作为女性有着爱美的一面。

  骊山老母的女英雄身份在《骊山老母宫》一书中是这样描述的:母系氏族社会时期,骊山华清池一带的各个部落之间经常发生激烈残酷的战争。就在本部落面临生死存亡的关键时刻,女娲氏(即老母)带领先民防震救灾,抗洪排涝,从事农桑,将个人之事置之度外,身先士卒,冲锋陷阵,抵御外侮,拯救众生,从而捍卫了本部落的最大利益,赢得了本部落人的衷心爱戴。老母死后,其后代就在骊山西绣岭修建了一座纪念祠,四季供奉祭祀。依据老母宫的文献记载,估计它很可能始建于秦汉以前,乃至于遥远的原始社会,只是在唐朝因骊山华清宫的修建而改称老母殿。

  同样在《论语·泰伯》记载,周武王的十大功臣之一即为"骊山氏"。孔子也认为:"有妇人焉,九人而已。"①一般认为那个妇人是骊戎的女酋长,像西王母也被人称为某部落首领一样,而这个骊戎国只是西戎的小国之一。可以肯定,骊山确实在历史上曾有一位女英雄。由于当时统治者的鼓吹与信仰,这个女英雄就自然被人们看成了神,称为"英烈女仙"。舜有臣五人而天下治。武王曰:"予

---

① 杨伯峻:《论语译注》,北京:中华书局1980年版,第83页。

有乱臣十人。"孔子曰："才难，不其然乎？唐虞之际，于斯为盛。有妇人焉，九人而已。三分天下有其二，以服事殷。周之德，其可谓至德也已矣。"①孔子在这里说的"有妇人焉，九人而已"指的是周武王之妻邑姜。邑姜为武王社稷出力，成了王国的有功之臣。至今在山西省太原市，还有宋代的建筑"圣母殿"纪念她的功绩，邑姜确实也是周武王的功臣之一。到了后来，清代著名学者俞樾在《小浮梅闲话》云："骊山老母，亦有其人，非乌有也。"②他考证了骊山女为戎胥轩妻，正当商周间，意其为人，必有非常才艺，为诸侯所推服，故后世传阐有为天子事。并且他考证了孔子提到的那个妇人，就是骊山老母。看来，这个有功的夫人的确是一位能征善战的女领袖，女酋长相比武王之妻更胜任女战士的形象，这可能是因为派一个王后征战战场不太合适之故吧。所以，俞樾认为这个妇人是骊山氏比较合适。可以说，老母是由人而变成仙的。这与妈祖的看法有些相似，有些学者认为妈祖为宋代莆田湄洲屿上林姓家中的小女儿，名林默，死后为人崇拜而成神。《汉书·律历志》将骊山老姥称为"骊山女"，认为她是一个帝王，故曰："骊山女亦为天子，遂以为女仙，尊曰老母。"③不管是女英雄还是杰出的女帝王，这位女神是人，即伟大的现实人物被塑造、渲染而成的一位值得人们敬畏的"女神"，她是当时最有影响的部落女领袖神化的例证，受到

---

① 杨伯峻：《论语译注》，北京：中华书局1980年版，第83页。
② 俞樾著，余国庆点校：《宾萌集》卷六《创建骊山老母祠议》，《俞樾全集》（第11册），杭州：浙江古籍出版社2021年版，第149–150页。
③ 胡道静：《道藏要籍选刊》（第1册），上海：上海古籍出版社1989年版，第762页。

人们高度的信仰和崇尚。

女神涉及战争并帮助帝王打赢天下的故事中外有之。埃及神话中的奈斯,希腊神话中的雅典娜,印度神话中的杜尔迦,罗马神话中的贝罗娜,等等,她们都是传说中的战争女神。她们司掌战争,代表智慧。黄帝为什么能够战胜蚩尤而得天下呢？按照道教《甲经》的说法,如果没有九天玄女派遣六位玉女下凡送给他一套神兵之法,要战胜蚩尤恐怕是不可能的。如此,九天玄女这位女神在黄帝与蚩尤的战斗中起决定胜败的关键作用。西方的一些传说中也把女神描述成有威力、胆量十足的战争领袖。女神作为英勇无敌的战士在多次战争中出现,具有百折不挠的抗争精神。之后被希腊人在亚马孙之战中频频提及。①可以看出,国家产生后,女神崇拜不但没有消失,反而不断被注入新内容,从而构成宗教形态的一个重要特色。所以,以英雄为骊山老母母题的原型来自好战的女神,它是阶级社会的产物。加上统治者的好神之举、好奇之心,王权对女神加以追捧,就这样,女神在民间的世俗化进一步发展。尤其是帝王们对女仙有热烈的追求崇拜,使女仙信仰在战国和秦代更加兴盛。况且,人们在崇拜英雄之时,如同欣赏壮美的事物一样,会唤起自己的崇高感,使欣赏者也显得高大起来。因此,人们自然而然地会对有能力的英雄加以崇拜。

1.3 骊山老母的历史形象

晚清学者俞樾说:"骊山老母见于唐宋以来小说传记,以为神仙妖异之流,而不知其见于《尚书》,见于《左传》,见于《论

---

① Merlin Stone, When God was a woman, New York: Dorset Press, 1976, P3.

语》。"①故他设问自答:"骊山老母,实有其人乎？曰是,见于《史记》《汉书》。"②因此,他认为骊山老母乃为真实的历史人物。从历史文献看,最早记录与骊山老母相关的是骊戎族女性酋长。《史记·秦本纪》:"申侯乃言孝王曰:'昔我先郦山之女,【正义】申侯之先,娶于郦山。为戎胥轩妻,【正义】胥轩,仲衍曾孙也。生中潏,以亲故归周,保西垂。西垂以其故和睦。"③申侯先祖胥轩,传说为伯益之后,仲衍曾孙,尝奉商王之命镇守西陲,娶于郦山戎女而生中潏(yù)。仲潏承父职,与诸戎和睦相处,后归顺西周。其后裔因母为戎族,史称"姜氏之戎"。周穆王姬满之时,中潏之后,因协助周穆王姬满西巡有功而封侯,其国为申国,史称"西申国"或"申戎",国都故址为平阳(今陕西宝鸡眉县)。西周末幽王姬宫涅十一年(前771),被废太子姬宜臼与母西逃西申国,以求外祖申侯之助。申国侯遂联合鄫国、犬戎等部攻伐西周王室至骊山,掠杀幽王及宠妃褒姒。经此一役,西周王朝迅速崩塌。这是正史家第一次记述"骊山女"的史料。这段材料,透露了两个重要的资讯:一是申侯一族的父系渊源;二是提供了母系为骊戎之女。《左传·庄公二十八年》:"晋伐骊戎,骊戎男,女以骊姬。"杜预注:"骊戎在京兆新丰县,其君姬姓,其爵男也。"④《汉书·地理志》释京兆

---

①② 俞樾著,余国庆点校:《宾萌集》卷六《创建骊山老母祠议》,杭州:浙江古籍出版社2021年版,第149页。

③ 司马迁:《史记·秦本纪》(三家注),北京:中华书局1959年版,第177页。

④ 左丘明传,杜预注,孔颖达正义,浦卫忠、龚抗云、于振波整理:《春秋左传正义》(《十三经注疏》标点本)卷十,北京:北京大学出版社1999年版,第289页。

"新丰县"："新丰，骊山在南，故骊戎国。秦曰骊邑。"①由此可见，骊山女并非华夏族，而是一位犬戎女。《汉书·律历志》谓："骊山女亦为天子，在殷、周间。皆不合经术"②。该句透露出两点意思：其一，"骊山女亦为天子"，说明骊戎族依旧奉行的是女性崇拜的风俗及女性家长制的社会政治管理制度，依然保留着原始母系社会的遗风。其二，骊戎族生活于商、周时代，而商、周社会早已进入男权时代，建立了以男权家天下的社会政治管理制度。故谓骊戎女为天子不合夷（商）、夏（周）"经术"。

周武王姬发伐纣时说："（商）受有亿兆夷人，离心离德；予有乱臣十人，同心同德。"③《论语》："舜有臣五人而天下治。孔（安国）曰：'禹、稷、契、皋陶、伯益。'武王曰：'予有乱臣十人。'马（融）曰：'乱，治也。治官者十人，谓周公旦、召公奭、太公望、毕公、荣公、太颠、闳夭、散宜生、南宫适，其一人谓文母。'"孔子曰："才难，不其然乎？唐、虞之际，于斯为盛。有妇人焉，九人而已。孔曰：'唐者，尧号。虞者，舜号。际者，尧舜交会之间。斯，此也。言尧、舜交会之间，比于周，周最盛，多贤才，然尚有一妇人，其余九人而已。'"④"十人"之一的"妇人"，旧注多以为"文母"，如《论语正义》"文王之后，大姒也，从夫之谥，武王之母，谓之文母。"⑤然以母为"臣"，不合礼仪。故唐人刘侍读以为

---

①② 班固：《汉书》卷二十八上《地理志》（上），颜师古注，北京：中华书局1964年版，第978，1543页。
③《尚书·周书·泰誓中》，北京：中华书局2012年版，第435页。
④⑤ 何晏注，邢昺疏：《论语注疏》卷八《泰伯》，阮元《十三经注疏》，北京：北京大学出版社2000年版，第199页。

十人之一的"妇人","盖邑姜也。九人治外，邑姜治内。"①邑姜为齐太公姜尚（吕望）女，武王姬发妃，成王姬诵母，确实是一位贤内助。但，晚清俞樾对《论语》"有妇人"作了新考，明确认为此"妇人"为"骊山女"。②俞樾又作诗云："往日虚名真自娱，异时俗论莫相讪。骊山女纪文君传，拟辟名山山外山。"［光绪庚寅年（1890）作］自注："余拟以史汉所载骊山女事为骊山女记，即世传骊山老母也。"③又作诗，曰："骊女姓名登十乱"，自注"余考定骊山女为十乱中之妇人，自谓最确（确）。"④俞樾最得意处，自谓乃是他考定了孔子所谓的"十人"之一的"妇人"，并非文母太姒或邑姜，而是骊山女。如若俞樾之说，骊山女为"乱臣十人"之一，则其于周之贡献显然不是"治内"了，而是协助武王团结西戎诸系，保证了周之大后方的稳固，使得武王可以倾全力伐纣灭商，这样的丰功伟绩是其他9人不可能做到的。

历代史地文献对骊山戎的情况也有载录。郦道元在《水经注》中记载："渭水又东，戏水注之。水出丽山冯公谷，东北流，又北

---

① 朱熹：《论语集注》，《四书章句集注》，北京：中华书局1983年版，第36页。
② 俞樾著，余国庆点校：《宾萌集》卷六《创建骊山老母祠议》，《俞樾全集》（第11册），杭州：浙江古籍出版社2021年版，第149—150页；俞樾著，陈景超点校：《经课续编》卷四《有妇人焉解》，《俞樾全集》（第6册），杭州：浙江古籍出版社2021年版，第103—105页。
③ 俞樾著，徐元点校：《春在堂诗编》卷十三《庚辛编·偶于吴蔗农孝廉处借小书数种观之漫赋一律》，《俞樾全集》（第16册），杭州：浙江古籍出版社2021年版，第371页。
④ 俞樾著，徐元点校：《春在堂诗编》卷十七《己庚编·八十自悼》，《俞樾全集》（第17册），杭州：浙江古籍出版社2021年版，第508页。

径丽戎城东。守敬按:《左传·庄二十八年》,杜《注》:'丽戎在京兆新丰县。'《环宇记》:'丽戎故城在昭应县东二十四里。'《方舆纪要》:'在临潼县东二十四里。'《春秋》:晋献公五年,伐之,获丽姬于是邑。按:《左传·庄二十八年》云:'晋伐骊戎,骊戎男,女以骊姬。'当晋献公十一年,乃追叙之。《史记·晋世家》:'献公五年,伐骊戎,得骊姬。'丽戎,男国也,姬姓。守敬按:《晋语》韦《注》:'骊戎,西戎之别,在骊山者也,其君男爵,姬姓。'秦之丽邑矣。守敬按:《汉志》:'秦曰骊邑。'《史记·始皇本纪》:'十六年,置丽邑。三十五年,徙三万家丽邑。'"①"秦始皇大兴厚葬,营建冢圹于骊戎之山,一名蓝天,其阴多金,其阳多玉。始皇贪其美名,因而葬焉。"②"《三秦记》曰:'骊山西北有温泉,……池水又径鸿门西,又径新丰县故城东,故骊戎地也。'"③"渭水又东,戏水注之,水出骊山冯公谷,东北流,又北径骊戎城东,《春秋》:'晋献公五年(前672)伐之,获骊姬于是邑。骊戎,男国也,姬姓,秦之骊邑矣。'"④"临潼县,周骊戎国。春秋时晋献公伐骊戎,其后秦灭之为骊邑。"⑤"骊山,在县东南二里。骊戎来居此山,故以名。……《三秦记》:'始皇作阁道至骊山八十里,人行桥上,车行桥下。今石柱犹存。山上立祠,名曰灵台。'"⑥"温汤。在县南一百五十步,骊山之西北。……《三秦记》曰:'骊山汤,旧说以

---

① 杨守敬、熊会贞:《水经注疏》卷十九,谢承仁主编《杨守敬集》(第3册),武汉:湖北人民出版社1997年版,第1193—1194页。
②③ 陈桥驿:《水经注校证》,北京:中华书局2020年版,第461页。
④ 陈桥驿:《水经注校证》,北京:中华书局2020年版,第462页。
⑤⑥ 宋敏求:《长安志》,辛德勇、郎洁点校,西安:三秦出版社2013年版,第447页,第454页,第450页,第457页。

三牲祭，乃得入，可以去疾消病，不祭（据《水经注》改）即烂人肉。俗云始皇与神女戏，不以礼，神女唾之，则生疮。始皇怖谢，神女为出温泉而洗除，后人因以为验。'《汉武故事》曰：'骊山汤，初始皇砌石起宇，至汉武又加修饰焉。'"①"骊戎故城在县东二十四里。殷、周时骊戎国城也。《两京道里记》曰：'城高一丈五尺，周四里。'"②

以上所引史地文献告诉我们：（1）骊山（丽山）位于今陕西西安东临潼区。有渭水径流，发源于骊山冯公谷的戏水在径流骊戎城东注入渭水。（2）骊山有温泉，温泉水可以疗伤。骊山有金有玉。（3）商、周间，西戎一支的骊戎族就迁居骊山，骊山亦因此得名。（4）骊戎建有城池，城墙高一丈五尺，且城型为四方形，可以四周相望。春秋时期形成了城邦制的爵位国家（男国）。（5）尝遭晋献公（姬姓晋氏，名诡诸，其父曾活捉戎狄首领诡诸而得名）攻掠，骊姬被俘。战国时，强秦又灭其国而降为城邑。

汉灭秦，骊戎消失于载籍，之后，骊山女便以神女或仙女的形象出现于笔记、传奇、话本、小说、戏剧等非正统的文学作品之中。虽然神化了骊山女的威力、善爱、正义，却掩盖了其历史原型的真实风貌。

---

①② 宋敏求：《长安志》，辛德勇、郎洁点校，西安：三秦出版社 2013 年版，第 447 页，第 454 页，第 450 页，第 457 页。

第二节 唐朝"骊山老母"形象的确立和原因

1.1 唐朝的时代氛围促使"骊山老母"信仰的形成

自南北朝以来,皇帝炽热的崇道精神每朝都有,因此道教在各代都不缺皇权的庇荫。唐朝对道教的重视更是到了狂热的地步。查一下相关唐朝宗教的历史书便知唐高祖(李渊)武德三年(620),于太原起家而称帝的时候,因晋州人吉善行,自言在平阳府浮山县东南羊角山(一名龙角山),见白衣老父曰:"为吾语唐天子,无为老君,吾尔祖也。"至此,高祖便下诏在其地立老子庙。待唐太宗当政以后,他便正式册封老子为道教主太上老君。从此唐朝宗室宫廷,虽都信仰佛教,亦同时信奉道教。还有,唐时道教盛,神仙思想亦盛,太宗、高宗、玄宗、敬宗,皆服金丹,求长生不老。高宗命令度微诸道术之士,合炼黄白金丹。

唐代道教祭拜场地之多、规模之大可谓空前绝后。睿宗以道士法善有冥助之力,拜为鸿胪卿、封越国公,恩荣无比。玄宗礼待道士张果,欲以玉真公主妻之,果大笑而不应命。肃宗因道士王瑜善祈祷之术,拜为宰相。代宗崇信道士李国桢,修天华上宫。德宗信奉术士桑道茂,修奉天城。上有好者,下必有甚者焉。是以唐朝神仙故事颇多,新修道观也不断增多。《新唐诗》卷四十八《百官志三》"崇玄署"条记载:"天下观一千六百八十七,道士七百七十六,女官九百八十八。"又有记载,唐代开国以来的宫观数量已经十分巨大,"所造宫观约一千九百余,所度道士计一万五千余人,其亲王贵主及公卿世庶或舍宅舍庄为观并不在其数"①。"王室之居"称为宫、观,而且道教造像的几次迅速发展都是处于宫观大规模建设之期。特别是唐宋两代的崇道皇帝,都在宫观修造上大兴土木,积极支持道教的发展。女性崇拜到了唐末形成发展中的一大高峰。在这样一个大环境下,公主们如邵阳、永安、平恩等因"慕道"而出家;一些放出的宫女也入道观做了女道士。卢纶在《过玉真观公主山池院》中曰:"夕照临窗起暗尘,青松绕殿不知春。君看白发诵经者,半是宫中歌舞人。"据《旧唐书·文宗纪》,仅开成三年六月,即一次"出宫人四百八十,送两街寺观安置"。②所以,骊山老母的形象出现,可能与时代塑造以及唐王朝的扶植有关。新塑造的女神顺应了唐朝道教信仰空前繁盛的时代大背景,是当时时代和社会的产物,是皇权文化推动的结果,正如碧霞元君的出现是宋真宗崇道活动的产物。所以说,隋唐时代女神信仰更加普遍,它已深入民众的生活,形成民俗。就这样,骊山老母在唐代自上而下信奉道教的氛围中因一个故事小插曲而产生、形成,并注入民心。

经过若干时代,到了明朝后期,由于朝廷的政治腐败,经济崩溃,人们生活悲惨,处于水深火热之中。人们为了应付当时的生活问题,诸如疾病、失败、政治腐朽、社会饥荒等悲惨境况,创立了白莲教,以徐洪儒为首的白莲教组织民众进行武装斗争。白莲教受明代罗清所创的罗教影响,吸取"真空乡里,无生老母"之思想,塑造了无生老母这个至高无上的女神形象。无生老母是百姓寻求信仰寄托、抚慰心灵最好的灵丹妙药,让人们有了安全感。白莲教奉

---

① 卿希泰:《中国道教》(第一卷),上海:东方出版中心1994年版,第39页。
② 王汝涛:《唐代小说与唐代政治》,长沙:岳麓书社2005年版,第64页。

无生老母为创世主，他们把这个"老母"信仰抬得很高，置于观音和其他女神之上。无生老母以一位慈祥的老婆婆形象出现，她的形象似乎是从嘉靖年间流传各地，并成为各个民间教派的主神，以至于后来成了清朝传统文化中的母亲神形象。明代中叶以后各种新兴的民间教派均崇奉无生老母为最高神圣，并概括为"无生老母，真空家乡"八字真言。无生老母是创世的女神，她生下 96 亿"皇胎儿女"，把他们遣往东土。这位无生老母自然是原始社会始祖女神的翻版，但在社会现实中，她又是一位救世主，对受苦受难的男男女女来说，她是一位至高无上的"老母"。不仅如此，此前佛、道及民间神话传说的女神，大都成为这位女神的部下或化身。无生圣母是文化现象的复归，促使这种原始女神崇拜再现的原因则在于社会现实。明代封建统治集团腐败而贪婪，天灾人祸使广大农民常常处于挨饿受灾的惨境。宗教信仰可以给人以麻醉和幻想，使人存活下去。但正统的宗教已远远脱离了民众：佛教的神佛，虚无缥缈又缺乏人情；道教的神，从玉皇大帝到城隍土地，犹如封建皇帝和各级官吏。孤苦无告的农民需要生存、需要爱，于是无生老母神便成了慰贴他们痛苦心灵的女神。

所以在 16 世纪晚期的许多小说与民间传说中都有相关的奇侠女子传说，这与明清时期白莲教塑造的老母形象有关，它是女神崇拜和民间宗教结合的产物，成为文学作品的素材。这个无生老母到了民间被人们解析成多种女神，诸如九天玄女、泰山女神、西王母等，所以明之后小说中许多女神形象油然而生。难怪清朝小说中出现了大量女神，她们成为小说中的重要角色，主导着情节和内容的发展。白莲教的无生老母本身就糅合了我国古代的西王母、女娲，以及佛教、道教里众多女神形象。无生老母在白莲教里是全新的独创,这些女神以民间宗教中的"无生老母"为最主要的神灵,她居住的真空家乡即天堂。人们渴望在动荡的社会中从慈祥和温暖的老母那里索取慰藉和幸福,希望得到重生。白莲教塑造的"无生老母"经历了原始时期的世界和人类形成阶段、人类流落尘世以及无生老母派使者下凡三阶段。明末清初问世的《古佛天真考证龙华宝经》说:"无始以来,无天地、无日月、无人物……古佛出现安天地,无生老母立先天……无生母,产阴阳,婴儿姹女。取乳名,叫伏羲,女娲真身。"①这里描绘了无生老母创造宇宙和人类,并主宰宇宙万物的力量。无生老母在白莲教中超越于儒、释、道之上,成为众神之首。

这三阶段描述的无生老母和骊山老母极为相似,两者都有着如观音般善良的母性品质。两者称呼均用"某某老母"或直接以"老母"命之,从本质到叫法都体现了同源性。骊山老母为万化之母,她从虚幻中幻化出了天地;老母造人,繁衍出了人类。所以,人类对老母尽孝敬之心,老母对她的儿女以慈悲为怀。中国女神的仁慈是西方女神没有的,直到观音的出现。当人们生罪孽、愆忒惹得人间大灾时,老母又造石补天搭救她的儿女们。人类迷失红尘、犯下罪恶,"地火水风一齐动,洪水处处长流",人间遭水火大灾,劳苦众生受尽折磨。②善良的老母又不忍心看到人类受苦,于是出来救度人类。在《佛说离(骊)山老母宝卷》中就叙说了无生老母和骊山老母的紧密关系:无生老母在灵山失散,改了号名,叫骊山老母。

---

① 黄育楩:《破邪详辩》卷一,载《清史资料》(第三辑),北京:中华书局1982年版。

② 马西沙:《清代八卦教》,北京:中国人民大学出版社1989年版,第161页。

她前往东京汴国凉城王家庄,度化王员外儿子王三郎(名文秀)。老母令文英小姐画一轴画,赐王文秀将画挂在书房,朝夕礼拜,文英即从画内钻出,与文秀成亲,以后老母、文英又接引文秀,入斗牛宫。①这里直接点名骊山老母就是无生老母,又借以"佛说"之名讲述她的故事。前面的分析得出,"无生老母"可能就是后来骊山老母的原型人物。

  明朝小说《七曜平妖传》和《三遂平妖传》都写了白莲教起义的故事,也写到了骊山老母以及其他仙人的离奇逸事叙述。《三遂平妖传》直接地反映了明代末年的社会生活,以徐洪儒为首的白莲教组织民众进行武装斗争。《七曜平妖传》是《三遂平妖传》之仿作。它讲到了北斗七星下界转生为山东巡抚赵彦、登州府总兵沈有容等,引兵镇压白莲教起义的故事。这两部小说中均说到了民间秘密宗教在明清派别林立,自立门户,互不相统,组织上处于涣散的状态。他们尊奉的神祇也十分庞杂,诸如无生老母、弥勒佛、玉皇大帝、洪钧老祖、张天师、关圣帝君、梨山老母、达摩老祖等,各式传奇人物都请了出来,顶礼膜拜。但是,由于多数民间宗教都与白莲教有关,因而白莲教的无生老母形象自然在小说中以各种姿态出现,甚至发展改造成了其他女神形象。所以,骊山老母在明后文学作品中地位突显,与白莲教塑造的无生老母有一定的关系。

1.2 李筌受《阴符经》的故事使骊山老母形象最终确立

  唐朝之前,骊山上的女神均没有固定的名字,而唐朝却给李筌

---

① 喻松青:《明清白莲教研究》,成都:四川人民出版社1987年版,第77页。

在山上遇到的神仙用"骊山老母"命名。民间的说法认为，大概在玄宗之时，骊山老姥仙逝，人们将其葬于骊山之阳，并在骊山西绣岭第二峰上修建了一座女娲祠用以纪念，后人习惯上称其为老母殿。称为"老母"或"老姥"似乎是祈求老一辈的指点与恩赐，这样的称呼给人以亲切感，也带有敬意，却没有森严感。"老母"首先是母亲，这种称呼体现了女神独有的生殖崇拜，也是人类萌生最早宗教崇拜的动因。类似的女性神仙称呼还有灵山老母、观音老母等。传说骊山老母有九个孩子，可是分别是谁没有具体记载，只说北极紫微大帝和勾陈上宫天皇大帝是骊山老母的孩子。老母殿是骊山上的主殿，殿里供奉着骊山老姥塑像，同时还藏有唐代的一块《骊山老母授经碑》。唐代道士李筌在骊山脚下巧遇老母传授《阴符经》之事就记载在这一块石碑上。《黄帝阴符经》又称《阴符经》，旧题黄帝撰。学者都认为是后人伪托，有人说是战国时的苏秦，有人说是北魏的寇谦之，也有人说是唐朝的李筌；成书年代也莫衷一是，暂时都无法取得比较统一的意见，但骊山老母的名字最早就是在这时出现的。有文献记载的也只是李筌求《阴符经》，在骊山遇到老母的故事片段，实则不可作为真实史料。

当历史人物走向了高大上的"英雄"（创世英雄、化育英雄、氏族英雄等）的时候，其历史的事迹都会被后人加以粉饰、夸大、敬畏、崇拜，甚至形成了互文性的再造神祇，骊山老母亦复如是。当曾经叱咤风云的骊山女渐趋被正统的历史记录遗忘时，民间的造神运动，将其再次推向了新的高峰———一位活跃于历史中的氏族女性酋长，华丽转身而晋升为万众敬拜的神女；而在华夏民间造神运动中，庞杂的道教文化系统是最善于推动和接纳这一举措的。如，女娲、旱魃、九天玄女等一众民间神女，皆被道教收编而成为其神谱体系的成员。道教的这一举措,显然是在与外来的佛教文化对抗中,为了争得社会上下更为广泛的支持而采取的一种广开思路,不断吸纳、收编、改造本土民间各种信仰和崇拜的地方神祇的策略。不然,道教神谱体系很难与佛教神谱体系中多佛、多菩萨、多天人、多声闻的复杂系统相抗衡。在由东晋至北宋长达七八百年的三教论衡中,道教不遗余力地引进、改造、再造外来和本土有可能成为神祇的众多人物。而骊山骊戎女就是在这样一个宗教冲突中,被裹挟进了道教神谱体系,由一名世俗戎族女性领袖升格为"骊山老母",成为道教神仙谱系中尊位仅次于女娲娘娘与西王母的女神,其地位略高于太元圣母、九天玄女、碧霞元君、紫虚元君等女神。特别是本土的神祇与外来的菩萨、天人结亲,如《西游记》中的佛教观世音菩萨,即奉"骊山老母"为母亲,目的就是藉此抬高道教神祇的地位。

李唐帝国,道教兴盛。商周时期的骊山骊戎女酋长的文化记忆形象(cultural memory image)逐渐脱离了历史人物而衍变为宗教神祇的形象。因其资格老,即以"老母"尊称;复因其历经多世而亡,自然升格为"仙女";再因其出神入化,又得以入列"天尊"。故"老母"(老姆)"仙女""无极天尊"之圣号,集于一身。道教典籍在对骊山骊戎女的升格中,极尽渲染之能事,说:"骊山姥,不知何代人也。李筌好神仙之道,常历名山,博采方术。……因入秦,至骊山下,逢一老母鬓髻当顶,余发半垂,弊衣扶杖,神状甚异。路旁见遗火烧树,因自言曰:'火生于木,祸发必克。'筌闻之惊,前问曰:'此《黄帝阴符》秘文,母何得而言之?'母曰:'吾受此符已三元六周甲子矣。三元一周,计一百八十年,六周共计一千八年,少年从何而知?'筌稽首载拜,具告得符之所,因请问玄义。

……于是命坐，为说《阴符》之义。"①所谓"三元"，是以天干、地支纪年的方法，以天干 10 个（甲、乙、丙、丁、戊、己、庚、辛、壬、癸）与地支 12 个（子、丑、寅、卯、辰、巳、午、未、申、酉、戌、亥）相互循环搭配，60 年为一周期，称为"甲子"。第一个甲子被称为"上元"，第二个甲子被称为"中元"，第三个甲子为"下元"。合此上、中、下"三元"为一周，即 60+60+60=180（年）。骊山老母得《黄帝阴符》于六周前，那就是 180×6=1080（年）。此种纪年方法，传说始于黄帝时期。然实际萌芽于西汉之初，始行于王莽新朝，通用于东汉以后。按照杜光庭（850—933）的时代，这个以干支纪年的时间表大致可信。《黄帝阴符》，即《黄帝阴符经》，传为黄帝作，历代多不信。如黄庭坚："《阴符经》出于唐李筌。熟读其文，知非黄帝书也……又妄托子房、孔明诸贤训注，尤可笑。惜不经刘子厚一捂击也。"②杜光庭说李筌："至嵩山虎口岩石室中，得《黄帝阴符》本，绢素书，缄之甚密，题云：'大魏真君二年七月七日，道士寇谦之藏之名山，用传同好。'以糜烂，筌抄读数千徧，竟不晓其义理。"③"大魏真君二年"，即北魏太武帝拓跋焘太平真君二年（441）。拓跋焘于始光元年（424）登基，改元始光。道士寇谦之（365—448）至魏都平城（今山西大同）献道于拓跋焘，倡道改，订乐章，诵新戒，获太武帝及宰臣崔浩鼎力支

---

① 杜光庭著，罗争鸣辑校：《墉城集仙录》卷十第 74 节《骊山姥》，《杜光庭记传十种辑校》（下），北京：中华书局 2013 年版，第 721—723 页。
② 黄庭坚著，刘琳、李勇先、王蓉贵点校：《黄庭坚全集》正卷第二十八，北京：中华书局 2021 年版，第 766 页。
③ 杜光庭著，罗争鸣辑校：《墉城集仙录》卷十第 74 节《骊山姥》，《杜光庭记传十种辑校》（下），北京：中华书局 2013 年版，第 721 页。

持。拓跋焘及崔浩等亲赴道场受箓,修建新的天师道场。故,《黄帝阴符经》由寇谦之作,完全有可能。

在提升骊山老母仙格、神格的过程中,仅有先秦时期的那一点历史事迹材料是远远不够的。于是,道教的造神家们将民间流传的斗姆元君,甚至女娲娘娘的一些神迹羼入骊山戎女酋长之身,以便丰富其神秘性、神圣性。这样作为具有神格、神性的女性形象,骊山老母就有了三个来源。

第三节 骊山女神信奉的特点

1.1 骊山老母具有"民俗"性

骊山女神敬奉是中国民俗文化的体现,凝结着中华民族数千年的文化心理积淀,是中华传统文化的重要载体,并随着时间的推移、社会的变化不断嬗变和演进。骊山老母是道教的女神。骊山之姥:骊山,在陕西省西安市临潼区境内;姥是对这位女仙的尊称。《一统志》云:骊山有老母庙,即道教传说中的骊山女神。不同于其他宗教,道教不是一神宗教,而是多神宗教的神谱体系。它的神仙系统极为庞杂繁复,是典型的多神教。而最受道教徒崇羡的,则是由普通凡人得道而获得神通的所谓"仙真",即真人和仙人。凡民间神话传说中的人物、受民间崇拜的圣贤和历史英雄,都被道教封为神或仙。一般来说,这些民间神灵带有地域性、神秘性、趣味性等特点。而且道教是中国传统的宗教,它与中华民族每个人的生活有密切的联系,道教关心人民的生老病死,因而道教信仰以各种形式牢牢地扎根在人们心中，影响民众的日常风俗习惯，其中女神信仰就是最典型的一个例证。从道教信仰的立场上看，女神几乎都具有特殊的禳灾解难的功效，这恰好与生活于俗文化形态中的民众心理要求相契合。唐宋以后的女性崇拜在道教中又有新发展，元代浮云山圣寿万年宫道士赵道一所作《历世真仙体道通鉴后集》就列有121位女神，是一部女神仙集传。由于杰出女修道者对于后来的女性有很大的吸引力，受她们的影响，女信仰者不断增加。女教徒的增加使新的神话故事不断涌现，也使修道成仙的女神数量不断增加，就这样，神仙体系中的女性队伍不可避免地壮大起来。

骊山老母以一个固定的女神身份出现在唐朝的史料中，是道教女神不断发展的结果。先前的女神在历史发展中留下了足迹，但没有像骊山老母这样最终成为骊山女神信仰的鲜明代表。笔者认为，骊山女神信仰和宗教美术史发展阶段很相近，经历了神秘化阶段、世俗化阶段以及最终的民间化阶段。原始时期女娲在骊山炼五色石以补天，秦始皇在骊山邂逅神仙应属于骊山女神信仰的神秘化阶段。这个神话传说与现实有着明确的、巨大的差距。这一阶段的史料并不丰富，甚至匮乏，所以与骊山女神相关的信息并不完整，这就使得这一阶段的信仰神秘化。而且人们试图用各种传说解释骊山女神，但又经常将完整并且可以解释的事情因形形色色的传说搞得更加神秘。这一阶段还属于民间崇拜，道教界对她的祭祀要晚一些。而在唐朝，李筌在骊山上受老母教诲，得到《阴符经》教义的一段文本记录，经广泛传播，带来了骊山老母世俗化的发展新阶段。从表面上看，这反映了道门中人进山学道修道的过程，但却进一步表明了道门中人把女性崇拜的意识"灌入"民间传说之中的深层内涵。这时，信徒们不再满足局限的、神秘的传说，而是希望以身边的所见、所遇、所思来解释骊山女神，这是一个精彩的发展阶段。这一阶段必然得到了世俗政治的支持，而世俗政治也促进信仰的普及和发展进程。唐宋之后，老母名声大振，作为一尊神被人们敬仰，世俗化的进程仍在继续，推动的力量来自民间。人们根据自己的需要，使民间神的内容充实得满满当当，将现实生活大量移植进了骊山女神的信仰之中。笔者认为，骊山老母名称的出现，是骊山女神信仰进一步社会化、生活化的结果，由于这个形象比以往传说的仙女形象、远古女娲形象更加贴近民众，而倍受平民百姓的信崇。骊山老母是一位善良、仁慈、富有同情心的女神，始终是和蔼可亲、乐善好施的象征，这就是她能广泛为民间百姓特别是女性香客所普遍接受的重要原因。宗教信仰民间化的总趋势，是需要解决现实生活中各种各样的实际问题。骊山老母的出现，也不是偶然的，当人们心里需要一位亲人神的时候，就充分发挥主观能动性创造了这样一个神来满足心理需求。

　　自古中外的宗教，其根本虽然都建立在群众信仰之上，但它的发展大都仰仗帝王政权的崇奉而取得优势。道教在唐代开国时期，实为鼎盛，不但在政治地位上有所保障，且在民间信仰上也足够与当时的佛教分庭抗礼。道教此后的稳定局面及后来的空前发展，全仗大唐天子与老子是同宗的关系。所以道观建造也与日俱增，自然祭祀的神仙群体也就越来越庞大。老母形象的出现可能是新兴的众神仙之一。

　　骊山女神的形象正是女性在母系氏族社会中作用和地位的体现，这同对老母的敬仰与人们对母性的依恋有一定的关系。不管我们意识到否，这种母性依恋情怀已经注入我们的血液，在人类的潜意识里埋藏。当人们需要帮助或陷入困境时，求助于母性的心理尤为显著。这时，如果一个有力量的女性神仙可以显灵、帮助众生，那真是求之不得的一件美事。其实骊山女神的出现也体现了道教的三个特征。

第一，多神信仰。道教是多元创造的结果，所以它所崇拜的神灵一开初就具有多样性，神灵为数众多，新旧杂陈。帝王将相、五川鬼神、天尊道君、神仙方士、神话人物均可列入它的神仙体系中。道教的上八仙按照不同的分法分别为：福星、禄星、寿星、张仙、东方朔、陈抟、彭祖、骊山老母；寿星、王母、观音、斗姆、黎山老母、圣母娘、金刀娘（原文缺一）；东方朔、李大仙、王禅、五敖、毛遂、白猿、二郎神。①造成分类的多角度性是由于多神信仰。

道教的第二个信仰特征，即成仙不死是追求的终极目标。据《抱朴子》，道教把神仙分为三等，分别为上士、中士、下士。其《论仙篇》云：上士举行升虚，谓之天仙；中士游于名山，谓之地仙；下士先死后脱，谓之尸解仙。②各路神仙在这三个体系中各有地位和位置。在传说中早有把骊山女神看成女娲补天的传说故事。历史上从先秦就有她的相关记载，直到唐朝《阴符经》中正式给这位女仙命名，所以她是上士。她作为一位神仙列入道教谱系是完全够格的。这位女仙的身份是多重的，老母游于名山并居住在山中，也是中士。《阴符经》里提到老母寿命很久，俨然一位仙人形象。而李筌最后的成仙也是紧扣道教长生不老的主旋律编写的。道教的炼丹、修炼、念咒等礼拜神灵，都是为了羽化登仙。这可能指的是道

---

① 李山：《三教九流大观》（1—3册），西宁：青海人民出版社1998年版，第86页。

② 周绍贤：《道家与神仙》，台北：台湾中华书局1987年版，第112页。

教中的下士。下士得道，长生于世间。

　　道教的第三个特征是它的民间性。总的说来，道教主要与民间的信仰习俗相联系，并通过与信仰习俗的联系，影响中国民间的岁时风俗，进而影响人们的娱乐风俗。道教不断地从民俗中汲取养料，对中国民间，尤其是农村的信仰习俗起着持续的、稳固的有力影响。而且从道教产生之日起，道士就与民间民众有着千丝万缕的联系。他们生活在百姓之中，帮百姓解决天灾人祸、生老病死等灾难。老母的形成本身就是在民间传说的基础上演变成型的。人们祭拜骊山女神为的是求她帮助自己摆脱现实中的苦难，这个民间性很强的女神就这样与民众息息相关，是人生命意识的依托。在《庚子国变记》中记载："义和团设坛敬神，其神有洪钧老祖、骊山老母，来常以夜，燎而祠之，为巫舞欲以下神。神至，能禁枪炮全不燃。又能指画空中，则火起，刀槊不能伤。"[①]义和团领导人将神仙力量用在自己政权巩固中，使民之所求与政权结合，又进一步让神力在民间扩大了。他们不分神仙性别，骊山老母作为女仙成了他们的崇拜对象，至少表明清末骊山老母在民间早已有很强的民众基础了。

　　崇拜女神是先民为了防止疾病，保佑生活顺利、更好生活的需求。骊山女神的产生就是民众塑造的结果，民众的祭拜又进一步推进了她的民间化特征。人们祭祀神，每次祭祀后，神也必须施恩惠于现实。骊山女神具有这种能力，所以生命力能够长久，与民众共存，她与民众的需求相互作用，加深了民间化的广度与程度。骊山女神不仅与道教、民俗紧密相联，还与佛教、儒家联系在一起。中

[①] 苏同炳：《中国近代史上的关键人物》，天津：百花文艺出版社 2007 年版，第 360 页。

国传统讲究以佛治心、以道治身、以儒治世。老母信仰不仅将三者完美统一,还推波助澜,使得庙会活动在民间更深一步发展,这实际上是儒佛道结合并与民俗相互作用的典型中国神仙信仰的个例。

1.2　三霄信仰凸显了骊山老母传承弟子的特点

相传,三霄为老母的三个女弟子。骊山三霄殿门上方写着"母即师也"的门匾,向我们讲述着三霄娘娘与骊山老母的师承关系。师徒关系在中国古代社会中扮演重要角色,"师父"这个概念在一个人的人生中具有最高的地位。天、地、君、亲、师和"三纲五常"并列,成为古代社会的两个重要组成结构。韩愈《师说》写道:"古之学者必有师。师者,所以传道受业解惑也。人非生而知之者,孰能无惑? 惑而不从师,其为惑也,终不解矣。生乎吾前,其闻道也固先乎吾,吾从而师之;生乎吾后,其闻道也亦先乎吾,吾从而师之。吾师道也,夫庸知其年之先后生于吾乎? 是故无贵无贱,无长无少,道之所存,师之所存也。"就是说,想学东西就得拜师。师父往往就是有"道"存在的地方。

三霄殿是为云霄、琼霄和碧霄三位女神所建,三位女仙被人们尊为"福寿、治眼、授予"。这可能是与北京白云观碧霞元君左右供奉的子孙娘娘和眼光娘娘有关[①],福寿带来的是长命和幸福,治眼指的是眼光,授予授的是子孙。甘肃的寿鹿山三霄殿在玉皇殿的右侧靠后,向东的第三间房子是琼、云、碧三霄的殿址,她们容貌端庄,服饰有别。峨眉山九老洞附近也有个叫三霄洞的洞穴,这里

---

① 福井康顺、山崎宏、木村英一等:《道教》(第一卷),上海:上海古籍出版社 1990 年版,第 130 页。

供奉着她们。三霄的庙宇在全国分布比较广,道教尊称她们为"福寿""财星""送子"三圣,是管理人间福、禄、寿三星的福神和三位地位最高的女仙,民间亦称增福延寿娘娘、财星娘娘、送子娘娘。相传,道教认为三霄代表天、地、人三才,只有天地人相谐相处,福禄寿才会与人终身相伴随。比如碧霄之名,何为"碧霄"?"石之青美者"为碧,是青色之玉;她是道教文化中的九天之一。道教中的九霄乃是:神霄、青霄、碧霄、丹霄、景霄、玉霄、琅霄、紫霄、大霄。"霄"指云、天空。碧霄组合,从字面看是天上云际间色彩的颜色,但碧之青是东方之色。因此,"碧霄"即是东方的日光之霞,是与东方崇拜、太阳崇拜联系在一起的。像这样对日月的崇拜,反映了人类对永生的渴望。追求永生不死的思想始终是人类和仙界所崇尚的。再从老母职司的功能看,其核心是生育之神,主生,与东方日出、万物萌发的孕育相连接。绝大多数道教女神都有帮人怀孕送子的功能,这与中国传统礼教是相符的,与佛教剪发旷衣,毁貌易性,弃绝妻子、断绝宗祀是格格不入的。

　　三霄据传是骊山老母的弟子,她们后天修道成仙,反映了道教立志、明师、勤学的传统。一旦道教将神灵列入其体系,便各有职司,三霄与老母是师承关系、品第级别有序,使她们在道教的神仙世界里各有各的地位与位次。这是因为道教相信天人相通的神仙系统。据《封神榜》传说所载,三霄娘娘为正财神赵公明之妹,得道成仙时,天意让其助周伐纣,三霄却违反天意,成为武王伐纣时和姜子牙作对的仙女,被姜子牙打败,后来拜骊山老母为师,通过主观努力,即立志、明师、勤学,重新修炼才得道成仙。因此有了后来的三霄殿。也有一说认为三霄为骊山老母的义女,这可能与其他女神诸如西王母收养女儿有关。道教的师徒关系受"女受传女,男

峨眉山三霄洞中的三霄塑像

受传男"的科禁,使得女仙需招女弟子传授有关道法。

三霄虽为老母的弟子,但后世人们也尊称她们为三霄娘娘。(有的也称三仙姑)她们有两大法宝:混元金斗和金蛟剪。上图是峨眉山三霄洞中三霄的塑像。三霄姐妹头戴一样的帽子,身披黄色袍子。琼霄手拿混元金斗(它乃人间之净桶,凡人之生育,皆从此地化生也),碧霄手拿金蛟剪,中间云霄拿的是通塔宝器。由于碧霄的"碧"为青色,所以她身着蓝色衣服。琼霄身穿淡绿色,象征天之尽头的色彩。相比老母,这几位女仙年轻、漂亮,她们面带笑容、眉目清秀、体态丰盈。

综上所述,骊山老母信仰是以主神骊山老母和其他女神共同组成的群体。既然老母徒弟有三霄,就可以有其他更多的人。所以后期小说老母的弟子突然增多,如仙人火母、俗人钟离春、樊梨花等,也就非常容易理解了。

第二章 骊山老母信奉的美学思想

第一节 老母殿成为信奉者的主要祭拜场地

道教没有世界三大宗教所具有的创世神,它没有可以依据创世神而创造的神仙体系,只能从传统的神话传说体系和现实社会生活中去寻找,甚至从民间崇拜的鬼神中得到补充。《骊山老母传阴符玄义》卷下(《新唐书》)有"筌至骊山,老母传其说"之记载,它明显属于传说与现实生活兼容而产生的一位神仙。而在这时候的唐朝道教得到了最高统治者的支持,宫观修造的数量、规模也自然得到封建王朝的大力扶植。这是因为宫观是道教仪式场所、道教造像陈列之地,老母殿就是在这样的背景下修建而成。老母殿始建于唐代宗广德元年(763),明万历四十七年(1619)曾进行过较大的修缮,现存的建筑基本上属于明清格局。殿内存《创修山路碑》记载:始建于秦,唐初重建,时称老母祠。可以看出,见诸文字记载的骊山老母殿有1200多年的历史。

老母殿有主殿、三霄殿和灵官殿各一座。它建造于林壑山野之地，与周围建筑和环境融洽，浑然一体。坐北面南，建筑分前、后两院，前院有山门、前殿及配殿，占地 20 余亩。殿堂房舍 80 多间，三节庭院，后院主要有大殿及左右道舍等。这是因为道观的平面布局大都根据乾南坤北、天南地北之方位，以子午线为中轴，坐北朝南，且两侧日东月西，取坎离对称之意。老母殿整体建筑包括山门 5 间、祭殿 5 间、主殿 5 间、厢房 6 间、配殿 4 间。这些殿所供奉神仙的尊卑地位以殿堂相对于中轴线的偏正排列、面积的大小及脊顶高低来显示。如老母雕像在中轴线上，其他神位的雕像或殿堂多在东西两侧，金童、玉女伺立两旁，这是东西方位上对称的心理需求在中国地理位置上所形成方位格局的影响。

早期道教是继承"祭神如神在"的传统，所以不为神仙造立式造像。之后造神仙雕像是仿佛教来的，这并不是道教徒创始的。所以道教后来的造像来自道教神仙体系，而神仙体系又参照了世俗社会的权力结构和封建王朝的政治结构。道教的造像离不开神仙谱系，就是用这些艺术造型将神仙谱系展示于信徒面前，使人们在道教仪式中获得期待的宗教体验。所以神仙谱系是信徒信赖的基础和艺术家造像的依据，老母殿中的神仙雕塑的布局与造型，体现了艺术家审美意识和艺术创作水平。

在中国艺术中，存在着"有形"和"无形"的两个世界。"有形"世界表现在艺术作品的线条、色彩、音符、语言等表现形式上。具体到骊山老母的艺术层面，我们可以从雕像的色彩、线条及其造像特征上分析其审美特征。人们走进老母殿，映入眼帘的有香炉、大钟，前面的幔帐、帐、幡、香案、供具、跪垫，以及经案上的磬、木鱼、铛、铍、小钟、法印、法剑等众多法器，殿外还能看到碑石，明朝传下来的铁钟、铁磬。老母信仰审美研究的"无形"世界则表现在它蕴藉无穷的"神"与"气",这个无形世界的艺术背后隐含的具有丰富象征性的意义世界,从更高层面揭示了审美体验对象的意义。老母殿的门楼匾联写着"万化之门",用有形的线条告诉人们《阴符经》中"宇宙在乎手,万化生乎身"的道理,也体现了老子《道德经》的主旨美学思想:道生一、一生二、二生三、三生万物的哲学精髓。

宗教"往往需要艺术来使我们更好地感到宗教的真理,或是用图象说明宗教真理以便于想象"①。不同民族都各自按照本民族人物特征来塑造自己的神灵形象,比如古印度曾用当时中缅男性贵族的健康形象为基础,加入诸多神话成分来作为信奉的神灵形象;中国化的神多以历代帝王贵族形象为模版;西方神多以耶稣基督为形象刻画。总之,人们以各自民族国家的审美标准塑造各自神灵的神像。雕像的线条和色彩,用有形的物质体现老母无形的神与气。老母道散而为气,气聚而成形,她是道的化身,又是得道的楷模,人们对她的神力充满敬畏。老母造像不像菩萨那样到处都有,她的两尊雕塑仅分别供奉在西安临潼的老母殿和台湾的台南县明圣宫里。

1.1 临潼老母殿

金色"创世圣母"的牌匾下面,那尊正襟危坐,身披锦袍,面露慈祥的巨型金身法像便是老母的雕像。老母高坐于龙首莲花座上,仪表穆穆,令人肃然起敬,默然心动,两边金童、玉女护法。老母的左右供奉着斗姆、地母、碧霞元君、观音老母、文殊、普贤真人,以及金、木、水、火、土、风、雨、雷、电、太阴、太阳,经坛土

---

① 黑格尔:《美学》(第一卷),北京:商务印书馆1982年版,第105页。

地等各位尊神。殿内祥光四溢,和谐灵通。祭品桌上香花纷繁,烛光闪闪,三方祭楊上,善男信女,躬身焚香,虔诚膜拜,以求健康平安,子女成才,事业发达,万事如意。这真是骊山老母慈悲无限,帮助芸芸众生心想事成的氛围。老母的雕像无发髻,这可能与年龄大有关。她的造像与李筌在骊山受《阴符经》教诲的老母形象相近。其他骊山女神雕像的配像有些有头发,有些无头发,五彩缤纷的众仙形象既点缀了老母雕像,又形成了活跃的群雕特征,使得主雕不仅具有多样性,还突出了重点的艺术特色。

地母安坐于骊山老母法像左边神龛之上,泥塑贴金。她是中国农耕文明在原始宗教中对土地崇拜而信仰的大地女神,是万众生命之源泉;她在人们心目中被视为"万物之母,大地母亲"。而紧挨在地母左侧的碧霞元君神像为泥塑金身,高达198厘米。碧霞元君在民间俗称泰山娘娘,她神通广大,与骊山老母具有类似的庇护人类、明察人间善恶,以及保护儿童健康和全家平安的神力。旅游者、经商之人、恋人、疾病者等祈求地母满足自己的心愿。斗姆元君位于地母右边,她慈容照人,手中拿着太阳、月亮、保铃、金印、弯弓、矛、戟等作战兵器和法器。显然斗姆也是一位很有威力的战神,这与骊山老母在小说中的形象近似。除此之外,斗姆也是一位执掌人间生死祸福的天神。

满殿的场景庄严肃穆,和谐中让人感到舒适。老母殿西侧分别供着金、木、水、火、土,泥塑贴金的五行之神,正好和《阴符经》提出的五行理论自然法则相呼应。神的祭品桌上香花纷繁,烛光闪闪。老母塑像为坐式铜铸像,足底塑出足弓,表现了足底的丰满感。她双手放膝盖上(以左手大拇指插入右手虎口内,掐右手的无名指根部;右手大拇指屈于左手大拇指下,掐住中指上纹,外呈"太极图"形,应该属于法界定印)。

老母全身黄色,身披红色斗篷。黄色为中国的帝王之色,红色是吉祥的色彩。这样的色调搭配凸显吉利、吉祥的中国传统文化。老母眼睛很大,耳垂厚且下垂,突出了耳郭宽大、耳垂修长丰腴的特点,在中国象征福气,她脖子上戴有黑色水晶项链。老母坐骑是龙,下为莲花宝座。她坐于龙首莲花上,莲花是纯洁的象征,成为佛教和道教的众多"珍宝"之一。雕塑的龙头被大家公认,可是笔者认为是麒麟的首。麒麟被认为四灵之一,它经常成为神、仙、佛的坐骑,其地位往往高于龙。麒麟在这里作为老母坐骑更适合民间祥瑞的特征。在中国传统民俗文化中麒麟有送子、主太平等功能,还能给人们带来丰年、福禄、长寿、美好等好运,这恰巧和骊山老母的主要职司匹配。况且老母殿外的八戒显形树也提到了树的形状酷似麒麟首。所以,老母坐骑下方为麒麟头更有说服力。同时,麒麟也是吉祥的重要象征,它可以通向再生与涅槃。

老母坐骑的莲花专吸污秽之物,以显其清白之体,它出淤泥而不染。老母座下的莲台,将世间的污浊与仙体的纯洁截然隔开,人们的潜意识里认为,莲花给人以希望,让人们在俗界感到了洁净与仙境的纯洁。莲花代表仙佛,之所以能成为仙佛,是因为它能普渡天下众生。天下众生皆沉沦于污秽环境中,酒色财气,名利恩爱,他们不分好坏混为一谈,仙佛必驾慈航而渡之。故莲花生于污泥之中,犹如仙佛生活于众生之中。老母驾驭麒麟,是平安吉祥的象征,莲花宝座使她更加神性、超凡脱俗。她的发髻高耸,位于头顶中部,代表着中心与通天的灵气。左右胁侍菩萨束髻,眉目清秀,笑容可掬,博施济众,脸上留一丝丝皱纹,给人感到一种饱经风霜、阅历丰富的长者风范。老母雕塑视觉美的享受体现在神态和对老母形象逼真的塑造上，她有着美丽而丰满的面容，给人一种可以信赖的庄重大方之感。老母两旁的侍女亦为仙女，一个身着红色，一个为黄色，正好与老母黄色身子、红色披肩的两种色彩匹配。黄色和红色的服饰，显示出配角的身份地位。黄色是帝王之色，真龙天子身着黄色帝袍。相比台湾的老母雕像，临潼的雕像显得朴素淳朴，而道家追求"淳朴真诚"为其特征的内蕴，在这里得到了体现。红色是中国的幸运色，意味万事红红火火，它象征着旭日东升，霞光盈空，有着勃发的生命力。其实，《阴符经》中的老母身着朴素服装、毫无装饰的"天籁"之美表现的就是自然美，它高于人工美，通过老母超俗的神态与气质表现出了最高的神圣美。

老母殿门牌上悬挂着"道法自然""始判天地"以及梅花篆字"至圣至尊"三块门匾，殿内有两副楹联："坤厚载物德合无疆；含宏光大品类咸亨。""善也好孝也好功德积于常时；祈也好拜也好老母自知你心。""善"是美的本质，"美"是"善"的表露。中国人很信奉"善因善果""行善善报"的真善法则，对这个信条发展到了"善者，吾善之，不善者，吾亦善之；信者，吾信之，不信者，吾亦信之"[①]的与人相处准则。"善"在这里成为唯一的标准，对善对恶的言行，人们都应以"善"处之。这一点颇似《圣经》中对朋友用"爱"待之，对敌人还用"爱"的忍让原则。"善""爱""美"的核心是同一的，内涵相似且相通。这些字解释了以"忠""孝"为核心，要求极力实现个体（自我）和群体（社会）之间的和谐。"忠孝只是扶植纲常""忠孝是百行之首"，让人们感到行孝行善、广积功德的一生才是有价值的。善和孝合乎人性的品格，但只有在日积

[①] 老子著，陈忠译：《道德经》，吉林：吉林文史出版社2006年版，第54页。

月累和持之以恒中才能建立大善大孝。人们应该自己修行、积德从善。从老母殿北侧沿石阶而下，非常宁静，花草芬芳，这里是老母殿的后花园。明崇祯八年（1635）在主殿后增建的老母殿藏经楼曾用于储藏经书。一座五间两层（民国年间已毁，遗址尚在），向下看去，东、西、北三面游廊相接，石桌、石凳摆放有序，游人和朝拜者都可以坐着歇憩。人们放眼望去，渭水东流，漂游如带，近看街道如棋、楼宇林立，让人心旷神怡。

图1　临潼老母殿老母塑像

1.2 台湾老母宫

1994年,台湾参拜团在骊山西峰老母殿迎老母金像54尊,请回后分敬于台湾各地。①台湾骊山老母宫始建于1990年5月16日,曾于1992年斥资重建,至1993年2月1日新殿竣工举行登龛大典。仅仅经历十余年,来自全台各地的民众光临老母宫,信众众多,于是2004年又在原址上第二次重建。2006年5月16日在建宫16周年纪念日举行新雕骊山老母大慈尊、开基骊山老母登龛安座大典,仍持续进行相关工程,至2007年10月大典工程竣工。台湾老母宫

图2 台湾老母宫的老母造像

---

① 葛慧:《三秦史话——西安地名趣谈》,西安:三秦出版社2005年版,第146页。

里的老母塑像年纪偏大，更符合老母尊称。她端坐在狮头龙尾的座基之上，眼神中流露出怜悯众生、普渡世人的仪态。她头戴道冠，衣似佛之通肩，束腰带，面相丰圆，神态安详。她浑身着黄色为主基调的袍子，右手执法杖，左手捧仙桃。

台湾雕塑的老母持仙桃可能有更多的寓意。仙桃在传统中国文化中的寓意有三种。其一，代表顽强的生命力，中国最早的《诗经》中就描写桃树的顽强生命力与繁殖力。"桃之夭夭，灼灼其华""有蕡其实""其叶蓁蓁"等都表现出了桃花的生命力之旺盛。桃花之艳丽还代表女性的美色，这是由于桃的实用美而衍生出来的。其二，表示友谊，如"桃园三结义"及李白诗中所描述的"桃花潭水深千尺，不及汪伦送我情"。其三，代表长寿和幸运。老母手中的仙桃就传说可以给人们带来桃寿、桃运。

桃子在中国寓意长寿、幸运的记载散见于各种文献典籍中。仙桃神话最早出现在《山海经》，是其所述的不周之山的嘉果："其实如桃，其叶如枣，黄华而赤柎，食之不劳。"①在汉朝，桃作为神仙的嘉果，可以帮助他们长生不老。《齐民要术》卷一〇引《神农本草经》云"玉桃，服之长生不死"。汉晋之际的《神仙经·东荒经》中也称东方有桃树，其子径三尺二寸，和核羹食之，令人益寿。《列仙传》卷上记载着四川地区的一个俗谚："得绥山一桃，虽不得仙，亦足以豪。"葛洪《神仙传》则载：董子阳少知长生之道，隐博落山中九十余年，但食桃，饮石泉。②这属于较真实的地仙服食神话。桃的

---

① 袁珂：《山海经校注》，上海：上海古籍出版社1983年版，第24页。
② 李丰楙：《仙境与游历——神仙世界的想象》，北京：中华书局2010年版，第238页。

寓意如此之大，成为仙人的喜好之物。难怪西王母执掌的"不死药"最后也变成了"桃"。她携带着3000年才结果一次的7枚蟠桃（即仙桃），将其中的4枚赐予汉武帝。

不论是台湾还是临潼的老母塑像，虽服饰不尽相同，但世俗性的服饰及雕像特征在道教造像艺术中获得了高度的统一。人们通过对骊山老母造像的敬仰与崇拜，结合自己的修真养性，这样就会产生一种对自己的鞭策和激励，达到支撑供养，祈福消灾，同时宣传了道教的教义。骊山女神作为能满足现实利益的神灵而受到尊崇，吸引着数万朝拜者上骊山来。信众信仰老母的实质则是使圣灵充溢于心间，从而使人在内心中必然萌发坚定而热诚的新、望、爱的诉求，在行为上必然表现出美德和善功。

第二节　老母传授的"八宝"体现了道教和儒学育德的核心

神话原型认为：每个人都有自己的需要，都有自己的欲望；当自己的需要和欲望与他人的需要和欲望发生矛盾的时候，当个人的利益与社会集体的利益发生冲突的时候，就需要一些公认的道德行为规范和法律条文来协调人际关系，来约束个人行为，使社会具有必要的秩序，使每一社会成员具有必需的安全感，使人类不至于因为混乱而自相残杀，因弱肉强食而陷于毁灭。人们制定戒律规则，体现了人类约束自我的自律与自控。骊山老母被认为是制定八宝的女神，她定的戒律完全符合中华传统美德的要求与精髓。

骊山女神从一开始就具有出世入世的特点，是天仙也是地仙。

作为天仙的骊山女神想完全超脱人间的一切痛苦与烦恼，她与世无争，有着一种与世俗完全不同的人生观和价值观，骊山女神"以富贵为不幸，以荣华为秽朽，以厚玩为尘壤，以声誉为朝露……"但另一方面，骊山女神作为地仙，留恋人间，所以她的福地设于人间。正所谓是："求长生者，正惜今日之所欲耳，本不汲汲于升虚，以飞腾为胜于地上也。"①这种对人间大地的归属感是中国自古对土地依恋的外化表现。

然而，西方的哥特式教堂以它高耸的塔尖表达着登临天庭的理想；纪念性雕塑塔尖上腾飞的战马造型和手执宝剑直刺天宇的将军，都象征着对云际般天宇的向往。然而中国古典建筑基本上以对大地的回归作为价值指向，不论是具有巨大重力感的屋顶，还是稳重的四边形造型，都表达着对大地归依的肯定。所以，骊山女神从始皇偶遇的天仙到李筌受老母教化的地仙，体现了神仙天地两重向往的美好愿望。每一寸土地都可以生长万物，土地有旺盛的生命力，它如同女性的强大生殖力，所以女仙对象征尘世的土地依恋，也是中国古人血液里对母亲的依恋。"坤"意为地，也为母。老母的名字取自"母"，给人以依恋、温暖的情感，而且还是人类对母亲甜美感情的向往。

人们由于内心对死亡、生存、未来的忧虑，致使他们恐惧、失落，便依托宗教的具体形式，也就是庇护神来追求幸福、躲避灾害和厄运。人们通过具体的宗教形式来达到与神灵沟通，建立起神、人间的桥梁。人们想和神仙一样拥有无所负累的心境，以及追求自由的逍遥境界。人们想成仙和得到神仙的帮助，希望可以免除自己

---

① 葛洪：《抱朴子·对俗》。

生老病死之苦、摆脱困厄灾难等世间烦恼，长生不死，生活无忧。神仙是人们欲望的寄托者、赐予者。尤其人们在社会生活越困难的时候，求仙拜神的愿望就越强。虽然人们也并非完全相信神仙会帮助他们解决所有苦难，但求仙拜神至少可以让他们得到心理上的安慰。骊山老母在文献上的"神仙化"叙述，小说中逍遥的仙迹，增添了她的神异传说。李筌在《阴符经》中探求长生、至真、至善的理想境界，也是人们梦寐以求的理想审美境界。

按照晋朝葛洪的看法，神仙并非羽化登仙、腾云驾雾，而是一种个人修养之学。①比如说，葛洪要求人淡默恬愉，不染不移，养心无欲，毋喜怒无常，还要以忠孝和顺仁信为本，做好事、修德行，等等。老母提出的"八宝"实际上就是教人如何修行，达到得"道"的境界。"八宝"类似于儒学所讲的孝、慈、文、信、言、恭、忠、勇、义。帝王与神仙圣人都规范了人伦道德，体现了中华民族尊母、敬母的孝文化思想。

骊山老母殿殿前整齐放置着八个用青石雕琢而成的元宝，每个元宝高450厘米，重800余斤，各元宝顶端雕琢有合体"招财进宝"的字样，正前方分别刻有"孝、悌、忠、信、礼、义、廉、耻"，此八字相传就是老母传授的。道家强调"仁"、主张天人合德，而"八宝"就体现了"仁"的思想。有了人类之后，人自然贪欲的本质让人们有了私心。他们产生了贪欲心，为了达到己之私欲，就变得残忍，并不惜一切干一些人性负面的坏事，如掠夺、强制、压迫、残害等。为了规范人们的行为、净化人之心性，老母向人们传播了

---

① 武锋：《〈葛洪抱朴子外篇〉研究》，北京：光明日报出版社2010年版，第55页。

"八宝",用来约束人们的心性。而且,老母徒弟之一的"八宝公主"名为八宝,可能和老母授八宝有关。《五虎平西》里说,赛花公主从小拼命吃苦,跟骊山老母习武。下山回家之时,骊山老母又送她八样宝贝,所以又叫她八宝。老母不仅制定了八宝制约人们行为,还又把自己的八件宝贝送给了喜欢的徒弟八宝公主。

关于老母制八宝的传说来源于《玉露金盘》中的记载。老母造完天把日月昼夜分开后,觉得大地寂静,缺少生机,于是乎便决定造人。书中是这样说的:大地寂寂然无人类鸟兽,老母乃将自身灵体分下一粒,放在金盘中默然运用法力,吹上真气,即时变化,一粒成两粒,两粒成四粒,四粒霎时化出九十六亿真性灵根种子,个个与老母模样一般。老母依望良久,取名为"人"。且每人分一个包囊,囊中分别装有孝、悌、忠、信、礼、义、廉、耻八件宝物。嘱曰:"做人不失一件,将来可作天仙。若有失落,但有一件,亦可为人……"①老母在这里用八宝定义了人,界定了人应有的品质。

"八宝"之一曰孝。孝乃德之始,是做人的第一条品德。中国传统文化认为孝是对父母、长者的恭顺和尊敬。古语说"百善孝为先""忠孝乃人生之根本",皆强调孝乃人之天性,也是人之第一大品格。有了孝道之心,其他品行、德行才会自然而来。人从呱呱坠地,就在父母的庇护下生存,由父母辛苦带大,同父母有着天然的亲情,所以孝心也自然萌发。大孝之人的善行义举可以感天地、泣鬼神。孝顺父母的人也会得到老天的保佑。俗语有"忠孝之人,必有大福""父慈子孝""妻贤夫祸少,子孝父心安""孝子生的孝顺子,忤逆生的忤逆男"等。这些民间俗语劝诫人行孝给自己积德。

---

① 金明立、高锋:《骊山老母宫》(内刊),2000年,第29页。

"八宝"之二曰悌，意为对兄长的敬爱。它是德之序，泛指依长幼之序，明尊卑之礼，晓人伦之规。道教认为人世间皆有序，有序才有规矩，才有人伦之理。所以为弟者要敬爱兄长，听从兄长的善意之言；为兄长者，也要关心爱护幼弟。悌也可以指邻里之间的秩序，如邻居间要尊长爱幼，和睦相处。其实不管是邻里关系、家庭成员的"悌"道，都是讲的"和"字。总之，大家要与家里的人和周围的人"和"，这正是道教之精华所在。

"八宝"之三曰忠，即尽心尽力、坚定不移。古时候，臣子应忠于社稷，仆人应忠于主人。无论是过去还是现在，朋友应忠于友情，国家工作人员应忠于职守，夫妻间应忠于爱情，等等。总之，人们应当诚实不二、坚定不移。忠是一种责任、节操和精神。忠与诚紧密相连，有忠必有诚、有诚必有忠。忠与义也不可分，忠诚便有义气，有义气方能忠。忠是中华民族的传统美德，也是为人之一大优良品德。从古到今，中华民族涌现出了很多忠义之士，他们宁可砍头、粉身碎骨，也不失去忠之气节。

"八宝"之四曰信。诚信、可靠、守诺言，是重要的社会公德。人们在交往中，要靠信、义取信于他人，为人处世需言必行、行必果。尤其在义利观上，要重义轻利，用自己诚信的人格魅力折服别人。"人生以信为本""唯诚可破天下之伪，唯实可破天下之虚"。人们应该以信誉与朋友交往，言行一致，诚心诚意，诚实不虚。当然"信"在商业界显得至关重要，诚信的企业和商业才能取信于民，在竞争中永远处于优势。

孝、悌、忠、信是做人的四种品德，而礼、义、廉、耻要求人们崇尚行礼、做人行义、保持廉洁、懂得羞耻。其实孝、悌、忠、信是礼、义、廉、耻的前提条件，而礼、义、廉、耻是孝、悌、忠、信的必然结果。世人修行，不管有何通天的本领，如不脚踏实地，守人间五常和八宝，将无法修成正果。《管子·卷一·牧民第一》："四维不张，国乃灭亡。"[1]这里的四维指的就是礼义廉耻。

"礼"就是礼节和道德。中国儒家向来崇尚礼，礼是文明的表现，社会、家庭都需要礼节。社会有礼就和谐，家庭有礼就和睦。中国自古就是礼仪之邦，各种礼仪繁多、讲究，虽然有些旧礼教的糟粕扼杀了许多人性，但是好的礼节还是值得人们学习的。如"有礼则安，无理则危""人无礼则不生，事无礼则不成，国家无礼则不宁"。礼貌对待朋友的精辟之言深刻道出了中国人崇礼的习俗，如"千里送鹅毛，礼轻情意重""礼多人不怪""发乎情，止乎礼"等。

"义"要求人们重道义，不要利欲熏心。原本是指公正、合理和应当做的。一个忠孝、讲究诚信的人必然有义，如果人无义，必然无信、无礼、无廉耻。朋友间更要讲义，这是为人之本。否则将没有人信赖。义还要求人们有节义或道义之心，属于忠的范畴。义可以说是人们做事的力行体验。

"廉"指的是廉洁、清白之意。它是官之德，民之愿。这个字主要是针对为官而言。对于像中国这样经历封建王朝很长的国家来说，官本位的思想相对严重。当官者要是不保持清廉，很容易成为贪官。千古以来，人们都希望官员维持公道、秉公执法、伸张正义，痛恨那些"见利忘义，贪赃枉法"的狗官。

"耻"乃人皆有之心态，知耻是人的良知，知耻方能有所作为。人活脸、树活皮，不顾及脸面的人必无羞耻之心。中外多少伟人，由于受辱后而干出了一番业绩；多少民族和国家久经磨难而不衰，

---

[1] 程国政：《管子雅话》，武汉：长江文艺出版社2003年版，第162页。

饱受屈辱而励精图治；多少个人又由于曾经感到羞辱而激励了奋发图强的精神。故忠勇仁义之士，皆有廉耻之心。知耻民气则正，知耻义理则兴，知耻国家则强。

概括起来，骊山老母提出"八宝"，旨在教化世人。这里面蕴含了多少中华传统文化的精髓，使我们受益。她以其博大的慈悲之心，以天下为怀，布道释疑，济世解惑，给世人留下了美好的道德思想结晶。"八宝"教义本身是美好、至善的，其美学思想通过孝、悌、忠、信、礼、义、廉、耻体现出来，同时又为人类思想宝库增添了美学成分。老母传"八宝"教育世人，循循诱导，扶持正义，大显威灵。她将"孝悌忠信礼义廉耻"撒播人间，规范人们的行为，净化人们的心性，为萦绕在人们心头的烦恼找到疗方。用"八宝"道义帮助人们去心魔、坚修志、布真道、证光明。老母维护万方和平，功德浩大，她为人民无私无畏的奉献精神，是值得炎黄子孙所尊崇的。

老母提出的"八宝"实际上是骊山老母提出的信仰戒律，《太上感应篇》曰："欲求天仙者，当立一千三百善；欲求地仙者，当立三百善。"①说明了行善与修行成仙的正比关系。道教的戒律将人们的行为用戒规直接进行约束。道教的戒律在很多经本上有明确的规定，如《中极上清洞真智慧观身大戒经》《道藏》等，它们劝人从善，约束己行。下面从《玉清经》里的十戒窥见道教的一些戒律。

第一戒者：不得违戾父母师长，反逆不孝。第二戒者：不得杀生屠害，割截物命。第三戒者：不得叛逆君王，谋害家国。第四戒

---

① 释净空：《太上感应篇·讲记》，北京：线装书局2010年版，第56页。

者：不得淫乱骨肉，姑姨姐妹及其他妇女。第五戒者：不得诽谤道法，轻泄经文。第六戒者：不得污漫静坛，单衣裸露。第七戒者：不得欺渎孤贫，夺人财物。第八戒者：不得裸露三光，厌弃老病。第九戒者：不得耽酒任性，两舌恶口。第十戒者：不得凶豪自任，自作威利。这里的十戒在老母殿中也有不同的体现，殿门前的八个财宝状石头上分别写着"孝、悌、忠、信、礼、义、廉、耻"。"孝"照应着第一戒的不得违戾父母师长之意；"忠"和不得叛逆君王的意思相符，也可以理解为对父母的忠诚，也可指第八戒中的不得厌弃老病；"信"也可指对君王的诚信、对经文的忠实；"礼义"两字的解释比较宽泛，可以指道义道德，如第四戒的不得淫乱骨肉，姑姨姐妹及其他妇女；第七戒者：不得欺渎孤贫，夺人财物；"廉耻"可以用第九戒不得耽酒任性，两舌恶口和第十戒者不得凶豪自任，自作威利解释。然而这十戒却又是相互联系不可分的。礼义中包含廉耻、廉耻中又包括礼义；孝悌忠信虽是独有的品质，但彼此之间都有联系。没有忠信何以谈孝悌，孝悌品质中自然有忠信之精神。其实，这十戒与老母的"八宝"有着直接的联系。

另外，老母殿外的一座石碑刻着禄林则、徐擎世两人于丁亥年初秋所写的格言：

存心不善，风水无益；
不孝父母，奉神无益；
兄弟不和，交友无益；
行为不端，读书无益；
心高气傲，博学无益；
作事乖张，聪明无益；

不惜元气,服药无益;
时运不通,妄求无益;
妄取人财,布施无益;
淫恶肆欲,阴骘无益。

  这些格言和道教的"戒"有联系,从不同侧面体现道教的教义和教化功能。涉及人们的礼义忠信等道教宣扬的精神。其实早期的道教即有所谓的"道戒",如《太平经》中有"不孝不可久生戒""贪财色,灾及胞中戒"等说法,《老子想尔注》也有"道贵中和,当中和行之;意志不可盈溢,违道诫"①。所谓"道诫",即对人所讲的劝诫、警告、文告,是教团用来规定制约人行为的。戒律系由道诫发展而来。一般来说,最早的道教戒律是《老君想尔戒》,它也是早期道教中的五斗米道的戒律。到了两晋南北朝时期,道教戒律日趋细密,出现了三戒、五戒、十戒等各种各样的戒律,这些戒律吸收了儒家传统道德观念和佛教戒律。这里首先提到"善""孝",并阐述"善"是审美的重要核心。由于百善孝为先,父母为人伦之始,用真心养育儿女,儿女的孝行回报也是必然的善心行为。道教用仁义的方式来约束人们的行为,老子制订符合人类文明进步的礼乐制度。其实这些都是礼乐、仁义的道德约束,体现了和谐的社会因子。

---

① 饶宗颐:《老子想尔注校证》,上海:上海古籍出版社1991年版。

第三节 《阴符经》中的和谐自然观

任何真经义理的书，能得到其真谛的人都十分不一般。正如《阴符经》中说所："五官与四肢不具，怪贪愚疑、疯癫狂诳的人，是不能得到的。阴符必须拜师传授，如传回心向善的人，必须清斋三日，不论老幼，皆得拜师传授，不得以富贵为重，贫贱为轻，达者百年寿算纪。"①《太平广记·卷六十三》记载："九窍四肢不具，悭贪愚痴、骄奢淫佚者，心不可使闻之。"诵《阴符经》可以令人有智慧、益心机、去邪魅、消灾害。正如骊山老母授完《阴符经》后劝诫李筌说：《阴符经》是天界上清宫的秘藏，道门圣者尊重的经典。用它治理国家，则天下太平无事；用它修身炼性，则能得道成仙。它不仅是权衡时机、克敌制胜的兵书，还是圣者论经布道的要典，绝不同于人间那些普通的论著。

《阴符经》是道教经典中较为奇异的经书，它包含着阴阳动静的奇妙，又名《黄帝天机之书》。虽短短300余字，却充满了和谐昌盛与贼盗相夺的气息，它言简意深，引导和谐，用心良苦。历代圣贤对《阴符经》的思想成就和科学价值都各有注释见解。特别是传说骊山老母演绎《阴符经》，也就是《黄帝天机之书》，其上有100多字讲天道运转的规律，即神仙抱一之道；中有100多字讲富国安民法则；下有100多字讲制胜兵法。都出自造化的奥妙，是元神内观

---

① 杜光庭著，罗争鸣辑校：《墉城集仙录》卷十第74节《骊山姥》，《杜光庭记传十种辑校》（下），北京：中华书局2013年版，第721页。

的作品，成为永恒的真理。

《阴符经》以道家的五行理论阐述了自然法则，把自然界五种物质构成的相互关系称为贼盗相争，这种关系暗示着人与自然间的掠夺、被掠夺，相互竞争、相互损耗的矛盾关系。《阴符经》把自然界的五种物质的相互争夺关系比作一群贼互相疯狂偷盗，互相在不知不觉中克他而利己，其实在毒害他物的同时，自己也被他人所害。所以，它提醒人们要懂得自然生克、阴阳灵转这一规律，对于自然界要善于用之，保持和谐。人与万物都是自然界的一部分，构成整体社会，自然界又以五行为规律。《阴符经》说：这个盗机，普天下没人看不见，却没有人能认识。如君子掌握了它，身安事成；小人得到了它，轻生玩命。也就是说，盗机所产生的现象容易为一般人发现，但其深层的本质却难以了解，正如李筌所说：盗机深奥玄妙，容易看到，难以把握。例如《列子》中，国氏盗取天时地利而获富，人皆见种植收益，而不知其中的深理。那么究竟什么是盗机？这是指在未见到之前，当预先知道将来的结果，暗设计谋，运用智慧，抓住时机，于常人不知不觉之中，盗窃利益于将来，以生养自己，这就叫作盗机。①人们应该关注盗机，明智地与自然共存。人与万物同根同源，没有什么特别之处，只是万物的一物种而已。但是，处于辅助地位的人，在适应自然的同时也应该改造自然，这一点是人与万物的不同之处。人有把自然改造到适合自己生存的能力，使自然有利于人的发展。可是，人类往往由于贪婪之心，而忘记了与自然为一体的特性，变得失去理智，按照自己的需求不断向自然界索取。以至于阴阳不和、灾难四起、怪异滋生。阴符告诉我

---

① 张继禹：《道法自然与环境保护》，北京：华夏出版社1998年版，第108页。

们，应该与自然融为一体、善待周围的生灵，与自己息息相关的周边和谐、互相感应，达到天人合一的境界。其实这种精神与当代的生态环境平衡紧密相关，也和生态能源的可持续发展息息关联，它呼吁的是一种人与自然和谐共处的新生态观。老母殿坐落于山与树之中，人文景观与自然生态完美结合。老母殿外的老皂荚树历经千年，繁茂枝叶伸向苍穹，给人以接近自然之感。

《阴符经》还提出："三才相盗"的"盗机"，即"天地，万物之盗；万物，人之盗；人，万物之盗。""三才"就是天、地、人，三才相宜，天下才太平；三才皆要安好，天下即大吉。也就是说，万物从天地吸收养料生产，人从万物中获取能量才能生存、发展，万物也从人那里获得了人的物质创造。天地、万物、人三者应当和谐生存，找到彼此的平衡点，不然会造成生态紊乱、万事危急、人类遭殃。可以看出，"三才相盗"的核心还是天人理论，天是阴阳的总名。阳气轻清上浮为天，阴气重浊下沉为地，天地相连而不相离。……阴阳二气之中又有一子，名曰五行（五常），五行为天地阴阳之功用，万物以五行而生，故万物又为五行之子。如人能够了解天地阴阳之道，掌握五行真气运化之秩，则可以知晓天地社会的兴废，明察万物人身的生死。[1]在面对自然规律、三才相盗的环境中，人并非无所作为，而是可以主动地驾驭自然，积极地参与万物的运化。《阴符经》说："观天之道，执天之行，尽矣。"对此李筌解释说：人与禽兽、草木一样，都是由阴阳的运化而生，但人又为万物之灵，位处天地的中心，心怀智慧权谋，能够反照自性。穷达事物的本始，盗取阴阳五行之气而用之。[2]虽然世界内在奥秘十分

---

[1] 张继禹：《道法自然与环境保护》，北京：华夏出版社1998年版，第109页。
[2] 老子著，陈忠译：《道德经》，吉林：吉林文史出版社2006年版，第34页。

微妙，难知难测，但人们发挥主观能动性可以使三才相合；按照自己的主观愿望，符合自然生灭变化、阴阳交替的法则，使小宇宙融入大宇宙，让个体的能力发挥到极致。

《阴符经》的五行相克、三才相盗的理论框架让人们在尊崇自然的前提下发挥主观能动性改造自然、利用自然。这是道家传统的天人合一思想，即道法自然。经书里强调人与天的根本分离和对立，但统一于一个大"道"的体系中。也正是此点，它既有别于道家传统的天人合一观，亦与儒家天人感应的学说有区别，从而独具风采。它与老庄学说的不同之处在于《阴符经》更加鲜明地突出了人的主观能动性，反复强调人在天人关系中的主导地位。这样一来，道家传统的天人合一观发生了一个巨大的变化，从而消除了其中原有的消极因素，发扬了人在改造自然、利用自然中的客观价值。

第四节　骊山老母的各种画像

老母画像不是很多，史料上记载最早的画像为五代广汉人丘文播所画的"骊山老母像"。他的画作以道释人物为主要素材，其所藏有二十五幅，其中之一的老母画像见《宣和画谱》卷六。老母画像作为老母信仰的符号象征，以慈祥的老太太形象居多，体现了意大利哲学家维柯在《新科学》中认为的"并不是神创造人，而是人按照自己的想象创造出神的形象"。既然是老母，人们自然要塑造女性老人的慈祥态。图3为老母最早的塑像，奠定了其雕塑的主基调。

老母殿当地的人至今认为骊山老母为补天造人的女娲，所以有

第二章 骊山老母信奉的美学精神 77

图 3 丘文播老母塑像

些画像借助女娲补天作为老母的画像材料。图4、图5以"女娲补天"为名,一幅是彩色图片,另一幅为黑白墨画。这两幅图酷似一个人物、故事的两个不同版本,只是色彩差异和一些细节画法不同。图中两位女仙均发髻复杂、手戴玉镯。女神佩戴的玉镯代表不朽与永生。第一幅彩画,女神手举大石,面似有着补天劳累的困态;第二幅墨画,女神手举小石,似乎为了作画而有补天之姿。两幅画中

图4 上古神话中的女娲补天

第二章　骊山老母信奉的美学精神

图 5　《山海经》的女娲补天

的仙女身披长带，坠在地上，甚为好看。她们身着丝质绣花裙，显得更为现代派。披发并以两朵素气的黄花戴在两侧。女仙四肢修长，皮肤白皙，给人以视觉美的享受。细细的几条飘带随风略微掀起，手中举着五彩石正在补天。两幅图将补天的壮观景象绘制出来：地面上沸腾的糊浆蹦出地面，天上被补天用来炼石的熊熊烈火烧得通红。

图 6 截取于《道教神仙信仰》①中关于骊山老姥一节的配图。在这本书里,作者几乎将所有有名的道教女仙予以阐述。关于骊山女仙,作者直接用骊山老姥命名。可是关于骊山老姥的身份,兴发道友认为是造人补天的女娲。所以,此图为表现远古神的黑白线刻画,朴素、简单。骊山老姥并不像"老姥"那般年纪之大,她长发飘逸,面目清秀,身材苗条。手举补天之石头,身段呈曲线形,表现补天劳动的动作。骊山老姥的这幅线画,完全是在女娲补天图上创作而成,表现女娲补天的原创意境。

图 6 女娲补天原创图

---

① 范恩君:《道教神仙信仰》,北京:宗教文化出版社 2007 年版,第 48 页。

图 7 画像的骊山老母显得年轻、雍容华贵。头上发饰复杂，身穿华丽服装，似人间女王，又显仙女之势。老母身后似山又似仙境，总之山是神生存的必要条件，山神崇拜和山神观念使得山成了众仙汇聚之地，难怪古代昆仑山乃仙人云集之所。山在绘画艺术中自然与神的出现共存，这样就有了山上的仙境与神仙的素材画像。山并不是脱世俗的物体，似乎神的生活对于人来说不过是此岸世界中的另一种更好的生活。

图 7　神话传说中的女娲补天

图 8 为周晓孟、沈智编的《国人必知的 2300 个道教常识》中第 159 页的骊山老母授经图，它是为专门讲述骊山老母一节而选取的配图。作者将唐代李筌在骊山脚下遇老母并受点化的故事生动地表现了出来。右边是老母，她似乎给李筌正在声情并茂地讲解《黄帝阴符》秘文，左边李筌弯腰、聆听其义理。老母长发，头顶梳两发髻，面容、体姿似老年人。老母身着唐朝女性服饰，脸盘方圆，坐在一石头上。正如《阴符经》记载："坐石上与详其义。"身旁的山代表骊山，周边寂静，表现出了大山的宁静与神仙出没的"世外桃源"之感。中国人有一句话"寿比南山"，就是指的李筌遇仙的终南山。南山的树木千年不枯，衬托出人像泥一般脆弱的生命。南山上的绿色是解闷消气的良药，可以冲淡枯燥与阴沉，绿色富有生机，是青

图 8　骊山老母授经

春活泼的象征。而且，山是早期神话的诞生之地，也为神话的出现提供了基础。山的神奇艺术形象为艺术审美作了铺垫。据《玄妙真经白话释析》讲："少年颧骨贯于生门，命门齐于日角，血脉未减，心影不偏，德贤而好法，神勇而乐智，真是吾弟子也。老母乃坐石头上为说其义曰。音符三百字……"①此图与这里的描述非常相符。

图 9 是金色坐像，与图 10 老母造像极其近似，只不过色彩不同。发髻、面部表情，手拿之物都貌似一样。应该是同一造像的不同版本而已。图 10 白色雕塑来自《神的由来》②一书第 220 页，其

图 9　老母手握仙桃（一）　　　图 10　老母手握仙桃（二）

---

① 杜光庭著，罗争鸣辑校：《墉城集仙录》卷十第 74 节《骊山姥》，《杜光庭记传十种辑校》（下），北京：中华书局 2013 年版，第 721 页。
② 陈泰仙：《神的由来》，北京：中国华侨出版社 2011 年版，第 220 页。

标题为《骊山女除暴安良被奉为神——骊山老母的由来》。这个和骊山女神传说中的玉帝三公主说法吻合,她与对民众施暴的始皇做斗争,为民除害。这个标题揭示出骊山老母的"人"之身份,因为其在历史上有过的作用而被人们尊为神仙。这个雕塑老母坐在莲花宝座上,双手拿一物。头上有一发髻,头发花白。面带微笑,肤色光泽润滑,脸上的酒窝清晰可见,身后有佛祖靠椅。画像一副朴素大方之气,老母整体神态给人以祥和之感。

图 11 与图 9、图 10 两幅基本一致。人物年龄、表情和手里拿的物品都一样。图 9 老母像是从一羽的《骊山老母纪》封面上找到的。图 11 老母明显年纪很大,额头上的皱纹分明可见。发髻高耸,用一个头簪固发,除此没有其他配饰。身后有神仙宝座,手里拿着一法器。看这架势,似有华盖和幡。华盖为天子宝座上所用以盖头顶的伞盖装饰,《古今注》称:"华盖,黄帝所作也。"后世道教沿用,悬挂在神像头顶上端,象征神的尊贵与威严。幔帐悬挂在神像前,上面绣有白云、仙鹤等图案。幡,悬挂神像前之幔帐两侧。神像前面,有时还要挂灯,象征神光普照。①

还有 1979 年临潼县文化馆赵康民同志在骊山老母殿附近,发现一块石刻,上面刻着一个老太婆的坐像,满面皱纹,神态慈祥,下刻有一段铭文,大部分已残损,字体古朴,残存的文字部分有"女娲氏"字样。虽然不知道这个石刻雕刻于何时代,但至少是与当今老母殿雕像相似。

图 12 的塑像与图 10、图 11 很相似,只是这个雕塑更为细腻、精致,色彩鲜艳,人物更为逼真,脸上的光泽清晰可见,手拿仙

---

① 周高德:《道教文化与生活》,北京:宗教文化出版社 2004 年版,第 72 页。

图 11　老母坐像

图 12　民间老母造像

桃。老母双腿盘膝坐在莲花宝座上,头发用发带系着,身披黄绿色斗篷。

　　图 13 为陆大道主编的《中国国家地理:东北、西北、港澳台》第 223 页的图片。整个色彩基调为暗红。此骊山老母为金身神像。头上戴着复杂发冠,面目看上去年轻。因为骊山老母本身为漂亮仙女,年轻的时候冰清玉洁,只是后来出于各种原因变成一老妪。

图 13　老母手持法器

图 14 为老母雕塑，其右手拿着法器、左手放在左膝上。表情似乎较严肃，年纪很大。她头发上系有发带，脸上能看到些许皱纹。这里老母身上的着装酷似战服，她威武的神态也似一个将领。座椅

图 14　老母手持拂尘

为普通椅子,并非莲花宝座之类的神椅。可以判定,这个雕塑以她作为原始首领为主旨,并按照后来的叫法雕塑而成。座椅下面的标注为"梨山老母"而非"骊山老母",虽说骊山老母的"骊"字写法多样,可是这里用"梨"而不用"骊"可能是想表现她为战神的一面。因为在《反唐演义传》中骊山老母就是写作"梨山老母"。小说中梨山老母法术之大,战术之精实在让人折服。所以,这里的雕塑应该是把骊山老母作为战神来塑造的。

图15老母画像和台湾骊山老母宫的坐像很近似,它来自一羽的《骊山老母记》

图15　老母手持法杖坐八卦图前

一书。台湾的雕像应该模仿这幅画像制成。只是老母左右手拿的饰物不一样。这里的老母右手持法杖,是权力的象征;左手握书,可能是《阴符经》。后面的太极图背景一样。

第五节 《骊山老母玄妙真经》的思想内涵

据《骊山老母玄妙真经》记载：老母乃斗姥所化，为上八洞古仙女也。斗姥者，乃先天元始阴神，因其形象象征道体，故又称先天道姥天尊。斗姥上灵光圆大天宝月……因沐浴于九曲华池中，涌出白玉龟台、神獬宝座，斗姥登宝座之上，放无极光明，化生九苞金莲，应现九皇道体，为北斗众星之母，综领七元星君，功沾三界，德润群生，故又称无极大天尊。

在礼赞（每句加念"骊山老母玄灵妙元大慈尊"）部分，叙述了人们愿意追随老母摆脱人世间烦恼的愿望。老母已经成为人们心中的女仙，帮助人们达到"道"之境界。如下所述：

骊山大梵老母尊，愿我早断沉迷业。
骊山大圣老母尊，愿我速具清净心。
骊山大道老母尊，愿我早发精修志。
骊山大行老母尊，愿我速贞坚固力。
骊山大光老母尊，愿我早破烦恼障。
骊山大法老母尊，愿我速降暴恶魔。
骊山大智老母尊，愿我早通玄妙诀。
骊山大慧老母尊，愿我速证光明藏。
骊山大慈老母尊，愿我早行诸方便。
骊山大悲老母尊，愿我速满功德林。
骊山大愿老母尊，愿我早建演法幢。
骊山大愿老母尊，愿我速成无上道。

老母可以帮助人们消灾祈福，成为人们生活中的祈祷者。正如经文所述：

虔诵骊山老母经，神仙感应降真灵。
虔诵骊山老母经，圣神赐惠保前程。
虔诵骊山老母经，母德恩泽灵感顾。
虔诵骊山老母经，本命宫中显真灵。
虔诵骊山老母经，高堂椿萱享遐龄。
虔诵骊山老母经，过往祖先得超升。
虔诵骊山老母经，家家如意真旺盛。
虔诵骊山老母经，身体疾病却消灾。
虔诵骊山老母经，士人金榜早及第。
虔诵骊山老母经，农村渔民丰登收。
虔诵骊山老母经，工厂场务真旺盛。
虔诵骊山老母经，商意闹市利百倍。
虔诵骊山老母经，世代贤孝理昭章。
虔诵骊山老母经，安居乐业万事兴。
虔诵骊山老母经，通神化厄现光辉。
虔诵骊山老母经，水火灾难悉解消。
虔诵骊山老母经，刀兵劫厄化消除。
虔诵骊山老母经，春满人间得康宁。
虔诵骊山老母经，夏来家门保平安。
虔诵骊山老母经，秋爽子孙财丁旺。
虔诵骊山老母经，冬寒福禄寿长生。
虔诵骊山老母经，一年四季常吉庆。
虔诵骊山老母经，四时八节享太平。

虔诵骊山老母经，延寿长保亨利贞。

后人对这位女神的期望与信仰加了更多内容。在礼赞的每一句话中，对老母的司职进行了详细的陈述：降暴恶魔、家门平安、福禄长生、如意旺盛、破烦恼障、孙财丁旺、四季常吉庆等等，显然，骊山老母从一个授《阴符经》的一般神仙变成了一个神通广大、司职几乎无所不包的女神。

"骊山大光老母尊"和"虔诵骊山老母经"在这部分不断重复、构成排比、并列，句式工整对仗。一则使诵经朗朗上口、像音乐一样不断重复，形成强调；二则通过重复让人们对老母信仰不断坚定，奉劝人们行善积德。最后几句希望信仰老母的人们功德圆满、早成正果，并叩谢老母的大恩，希望她的神灵继续保佑国家和人民。

总之，骊山老母普救苍生，教人多行善事，保佑信徒阖家平安、子女成才、事业发达、财源旺盛，无子嗣者求其带来子孙。所以每年的农历六月十三日在老母诞辰之际，很多海内外信徒皆上山朝拜这位华夏始祖，以求风调雨顺、国泰民安，祈老母赐福、消灾、送子、牵红线红绳，老母是有求必应，而求者是心想事成，皆大欢喜。

《〈骊山老母玄妙真经〉白话释析》中记载：阴符外和人事，观其精微，黄庭八景不足以为奇；非有道之士不可使闻之。故至人用之得其道，君子用之得其术，小人用之得其殃。如传同好，必清素而授之。这就是说圣贤智愚，按其秉性，各得研习。圣人学习《阴符》，可以得其术；小人学习它，就会遭殃。这都是由于德性、根性、识性不同所致。

第三章 骊山老母与其他女神对比研究

第一节 骊山老母与西王母

1.1 两女神形象演变

太真西王母是道教非常尊崇的女仙，最早出现是在殷墟甲骨文中的"西母"一词。在《庄子》中记载有西王母得道后"莫知其始，莫知其终"，具有长生不老的能力且掌管着长生药。在荀子的政治话语中西王母是一位远古贤人，当过大禹的老师。西汉一部对《易》卦的演绎之作《焦氏易林》有这样的记述："稷为尧使，西见王母，拜请百福，赐我嘉子。"王母居住于玉山，其状如人，豹尾虎齿而善啸，蓬发戴胜，是司天之厉及五残。那时期的西王母之所以豹尾虎齿，可能是因为模仿虎豹叫啸声带有一定的特殊威严。毕竟远古时期的人们还是希望带有威严气势的女首领能保护他们，使他们远离大自然中的危险。郭璞在《图赞》中云：西王母乃"天帝之女，蓬头虎颜，穆王执贽，赋诗交欢，韵外之事，难以俱言"[1]。下面

---

[1] 马昌仪：《古本山海经图说》，济南：山东画报出版社2001年版，第126页。

图画中的西王母很明显已经具有人的模样,她有着虎一般的面目,貌似吓人。

西王母在完全转变成美少女前,还有一段时间是由漂亮的头和可怕的尾巴连接在一起的混合体。在各种带纹彩陶的西王母形象中,可以看到她带尾露观,善于打扮,并精通唱歌和舞蹈,很受人们的尊敬与崇拜。其实郭璞《图赞》的图已经传递给人们这么一个信息,乍看是可怕的兽性脸面,半遮半掩的面具下却是一副漂亮的容颜。尾巴和虎一般的面具定性了那时候的西王母不带有人性,可是面具下的脸面已经开始向美女转变。

《山海经》里虎齿豹尾的西王母

到了战国,西王母逐渐被美化。汉代时曾一度演变为白头老妪,这是因为传统中国文化不像西方文化缺乏女性形象的多样性。西方的模特和女演员似乎只有一种体型。在现代肖像学中,在媒体上,你看不到老年女性优雅地变老,然而中国女神就像你在古代女神文化中看到的那样,在这个文化中,老年人和年轻人一样受到尊重。司马相如《大人赋》:"吾乃今日睹西王母,皓然白首。"①大约在魏晋间成书的《汉武帝内传》中,西王母完全被描写成为类似于人间的皇后,称:"王母至也,群仙数千,光耀庭宇。王母唯扶二侍女上殿,侍女年可十六七,服清绫之桂,容眸流盼,神姿清发,真美人也。王母上殿东向坐,着黄金褡襦,文采鲜明,光仪淑穆,带灵飞大绶,腰佩分景之剑,头上太华髻,戴太真晨婴之冠,屡玄璃凤文之鸟。视之可年三十许,修短得中,天姿掩蔼,容颜绝世,真灵人也。"②这时的西王母不仅漂亮,装扮还酷似人间的帝后,她仁慈、善良、美丽,因此东晋诗人陶渊明在《读山海经》之二中称赞西王母为"玉台凌霞秀,王母怡妙颜……"好多图片画着西王母佩戴玉镯的装扮,这说明当时对玉的利用水平已经达到相当的高度。只有成为美女的西王母才会对玉器发生兴趣,之前豹尾虎齿的西王母还未完全演化成人,所以是不会对玉器发生兴趣的,更没有佩戴玉器的想法。这样,她从近似野兽的神人变成了美丽的少女,这是因为人们对美的追求所致。视觉享受永远是审美的前提,女仙的魅力和仙气,以及高于人世的出尘脱俗,让凡人对她更有了渴望、崇拜和爱戴的情感。

---

①②《道藏》(第 21 册),文物出版社、上海书店出版社、天津古籍出版社联合出版 1988 年版,第 835,840 页。

骊山老母一开始就是以美女形象出现的。骊山老母居骊山，据《史记·封禅书》记载，汉武帝曾在甘泉宫作益延寿观，在长安作蛮廉桂观，以招来神仙。自极庙道通郦山（即骊山），作甘泉前殿。秦始皇也曾建甘泉宫前殿通于骊山。看来，骊山自古就有仙人之气。远古传说里骊山女神是女娲娘娘，由无名之道转化过来，她是道的具体化，是"万物之母"。传说中的骊山女神应该就是女娲补天的形象，她不是原始神话中人头蛇身的女娲之貌，而是漂亮的女仙。所以，骊山女神没有像西王母或女娲早期那样的动物长相，而是一开始就以女人形象出现，而且是年轻漂亮的女子。

西王母也有像骊山老母原始部落女英雄的形象记载。晋朝时颇受帝王宠信的大学士郭璞在注释《穆天子传》时认为她只不过是西方一国君。骊山老母也被认为是一部落首领，只不过她的名气不如西王母大，所以没有演变成像西王母那样一国国君之说。但是至少说明中国古代神话中诞生了不少女性神话人物，如女娲、西王母、骊山老母等，女神的英雄形象与母系氏族有很大的关系。那时候，妇女不仅在生产上起主要作用，而且在原始部落中起领导作用。西王母由母系部族首领演变成仙女同骊山老母从部落首领演变成女仙的模式是一样的，进而又生成为道教最受人尊崇的众女仙之宗。

《博物志》记载："汉武帝好仙道，祭祀名山大泽以求神仙之道。时西王母遣使乘白鹿告帝当来，乃供帐九华殿以待之。七月七日夜漏七刻，王母乘紫云车而至于殿西，南面东向，头上戴玉胜，青气郁郁如云。有三青鸟，如乌大，使侍母旁。时设九微灯。帝东面西向，王母索七桃，大如弹丸，以五枚与帝，母食二枚。帝食辄收其核，母曰：'取此核将何为？'帝曰：'此桃甘美，欲种之。'母笑曰:'此桃三千年一生实。'西王母酷爱仙桃,并愿意赠予汉武帝以求长生。"在骊山老母的造像中,多数也手中握有仙桃,桃可以说是神话中的生命树了。据王充《论衡·订鬼》引《山海经》:"沧海之中有度朔之山,上有大桃木,其屈蟠三千里。"祝寿时的仙桃带有辟邪的力量。后来在道教文化中,蟠桃与西王母也发生了联系。在《汉武帝内传》中讲道:"七月七日,西王母降,以仙桃四颗与帝。帝食辄收其核。王母问帝,帝曰:'欲种之。'母曰:'此桃三千年一生实,中夏地薄,种之不生!'帝乃止。"①《西游记》里有描写西王母举行蟠桃会的场景,蟠桃就成了使人长寿、永生的仙果。明代冯梦龙改撰的《平妖传》中有先人聚于蟠桃会的描写:忽一日间,正值西人金母,蟠桃盛会,玉帝引着一班仙官将吏都往昆仑山瑶池赴宴。西王母掌管不老之药,有了"羿请不死之药于西王母,托与姮娥"。西王母是让人远离死亡的强大神明。她德配坤元,主掌阴灵真气,已经有控制宇宙星辰的超自然力量。所以,骊山老母手中的仙桃、西王母与仙桃的种种故事,都是想用人们心目中的"吉物"和女神产生某种联系。

1.2 两女神男伴比较

最早的《山海经》《史记》中没有西王母男配偶的任何记载,这位女神以自己的神力独霸天下。但是,随着时代的发展,人们给西王母找到了配偶。传说西周时期,"穆王命造父驭车,乘八骏西巡昆仑,会西王母,乐而忘返",这个故事使这位千年女神更加具有

---

① 程杰总主编:《中国文化植物经典品读·中国桃文化经典品读》,南京:南京师范大学出版社 2021 年版,第 40 页。

了人间的气息。周穆王是历史上的真人,他是西周王朝的第五代国君。史料上记载他确实有过西巡昆仑之事,并且他在昆仑山瑶池边会见了西王母。还有记载称周穆王见西王母时,西王母作《天子瑶》以示好。东汉中期,又有了西王母和东王公在一起的诸多故事记录。可能是因为西王母的配偶是帝王的原因,她自己便有了世间帝王的气质与模样,难怪有史料描述,西王母的神态,很接近于人王。《仙佛奇踪》卷一记载:"西王母,即龟台金母也。得西华至妙之气,化生于伊川。姓緱,讳回,字婉妗。配位西方,与东王公理二气,调成天地,陶钧万品。"①在这里虽然没有说东王公与西王母的关系,但显然是与西王母成对出现、阴阳搭配的。

还有,西王母最终演变为世俗化的王母娘娘,不仅作为女王高高在上,还成了众神之首玉皇大帝的妻子。即使这样,无论是威武兽形的西王母,还是雍容典雅的王母形象,她本人都没有品尝过爱情之果。骊山女神被人们认为是女娲,女娲与伏羲是一对。"娲"就是蟾蜍,蟾蜍为阴性;伏羲为蛇身,蛇有指男性的生殖器一说,在这里为阳。所以,两位女仙各自与伴侣阴阳相配,体现了中国道教阴阳相生的道理。

女仙配男性伴侣不仅是由于中国人传统成双成对圆满思想的表现,还因为母系社会逐渐为男权社会所替代。中华民族的审美是从圆形开始的,"圆"象征着圆满、美好。古钱币和今天的钱币以圆形为式样,这与中国人的审美意识相关。"花好月圆""团圆""圆圆月""全聚德"(全也是指的圆)等都与美好联系在一起。西

---

① 胡道静、陈耀庭等主编:《藏外道书》(第 31 册),成都:巴蜀书社 1994 年版,第 581 页。

方悲剧是震撼、悲壮的,莎士比亚四大悲剧的结尾让人心痛与悲愤,而我们中国的悲剧却不是这样。梁山伯与祝英台虽然在世不能成为夫妻,可是死后却从坟墓里化蝶而出;民间流传孟姜女哭长城的故事,与人的悲愤情感共鸣,一个弱女子哭倒长城实在让人怀疑,可是我们欣然接受,也乐意看到这样的结局;《窦娥冤》中的情节让人气愤恼怒,人们从罕见的六月飘雪中得到心理满足。中国的这些悲剧能有这样的结尾,是因为我们中国人有着"圆满""美好"的审美情趣。难怪在中国的庙宇中,"神仙奶奶"的雕塑旁往往有"神仙爷爷"的雕塑陪伴。可是,神话中未曾提到过骊山老母有配偶。原始时期骊山女神被认为是女娲,自然同原始时期的西王母一样没有男性配偶。这是由于母系氏族时期女性强大的社会力量,以及女性伟大的生殖力而造成的。唐朝的骊山老母形象,展示出了一个年龄大的老太太,没有配偶也在情理之中。可是在元代郑廷玉所作《布袋和尚忍字记》中,布袋和尚竟对刘均佐说:"你非凡人,乃是上界第十三尊罗汉,宾头卢尊者,你浑家也非凡人,他是骊山老母一化。"①这里,上界第十三尊罗汉竟与骊山老母结为伉俪,纯属没有根据的虚造。看来,想给女仙配对伴侣的思想普遍存在,就连一开始以老妪出现的骊山老母也竟然被作者有意地找了个神伴。

  随着历史的发展女仙有男仙为伴,她们有儿女也是自然。在《墉城集仙录》中就明确指出西王母的五个女儿分别为:南极王夫人、云华夫人、紫微王夫人、太真夫人和云林右英夫人。并且认为,

---

① 《布袋和尚忍字记》,《四部丛刊》三编(第五十八册),上海:上海书店出版社1985年版。

西王母和她的女儿们形成了女仙谱系，开拓了一个脱离于男性的独立女仙体系。在骊山女神补天的传说中，就提及她的两个女儿在补天中的作用。很显然，女仙和她们的女儿们共同构筑女仙形象，使女仙有了自己的独特地位和特征。

1.3 两女神司职比较

在西王母雕塑中，她手拿类似于大麦一样的东西。西王母作为农神的代表，关心和帮助人类的生存、生活问题。虽然神女不食人间烟火，但民以食为天，粮食永远是人们的第一需求。骊山老母在给李筌讲授《阴符经》后并送他麦饭以充饥，显然她也关心众生的饥饱问题。古代人们祈求两位神女保佑风调雨顺、粮食丰产。早期的女神雕像以乳大臀肥为特点，表现了女性强大的生殖力。女仙作为女性，决定了她们帮助已婚女性生产、受孕的司职，产生了各种与生育有关的神灵和故事，用以实现祈子、护子心愿的寄托。古人认为凡物必有灵，每件事情都有自己的神灵庇佑。因此，送子观音、泰山娘娘、张仙等送子护子之神灵，便享尽人间礼遇，成为至高无上的掌管人们生育的偶像。催生助产、赠福送子应当是女仙责无旁贷的任务。人们向他们所信仰的女仙祈求添子与长寿，心里就有了盼头，思想变得轻松许多。

西王母可以说是仅次于"女娲"的第二大女神，她在中国文化史上的影响颇大。从古到今，很多信仰习俗、壁画、雕刻、画像以及文学作品都受到这位女仙的影响。同时，她对上层文人的意识形态有引导性。西王母在汉代成了制造仙药的女神，她的身旁还有专门采集制造不老仙药的玉兔、采集药的蟾蜍和传播药的青鸟。战国后期，人们多认为居于昆仑山的西王母操有不老之药；

汉代的方士文人盲目服丹求仙、想长生不老，西王母成为他们朝拜的偶像。

骊山老母作为后出现的女仙当然不会像西王母那样手举原始社会典型的大麦作为宝物。相反，她手中的仙桃预示了人们已经有了基本的粮食保障，从而开始对水果等副产品有了需求的社会状态。人们的生活所需并未停留在粮食层面，还有追求其他副食品的诉求。虽然老母不像西王母那样拥有长生仙药的秘方，但在人们心中她确有帮助人们消除顽疾的作用。况且骊山老母在道教中本身就是一位养生女神，我们可以从骊山老母绝谷麦饭术中的一个配方看出：

  黑豆五斗 大麻子（俗称老麻子、草麻等） 一斗五升 青州枣一斗

  黑豆净水淘过，蒸一遍，爆干，去皮，又蒸一遍，又爆令干。麻子以水浸去皮，共枣同入甑中，蒸熟取出，去枣核。三味一处烂捣，又再蒸一遍，因为拳大，又再蒸之。从初夜至夜半，令香熟，便去火，以物密盖之，经宿，爆干，捣罗为末，任性吃，以饱为度。遇渴得吃新汲水，麻子汤、柏汤。第一服七日，三百日不饥，第二服四日，约三千日不饥。若人依法服之，故得神仙。若是奇人服，即得长生。甚是殊妙，切不可乱传。若食，犯之损人。如要食，即以葵子为末，煎汤服之，其药即转下如金色，此药之灵验也。

西王母与骊山老母各居一山。《山海经·西山经》云："玉山，

是西王母所居也。"①骊山是老母住的地方。而且玉山和骊山都产玉。《太平寰宇记》记载:"昭应县,骊山在东南二里,即蓝田山也。""其阳玉多,其阴多平。温泉出于骊山之北,泄于渭河之南。"《水经注》中说:"骊山,山南多玉,山北产金。"《山海经·大荒西经》记载:"西王母穴处昆仑之丘。"②考玉山为昆仑的异名,《淮南子·坠形训》中说:"'西北方之美者,有昆仑之球琳琅玕焉。'高诱注:'球琳琅玕,皆美玉也。'因为山出美玉,所以又名玉山。"③古人对玉石的偏爱从先秦就开始了,文献中关于玉石的记载举不胜举。从考古发掘来看,玉器在生活中起着重要的作用。西王母颇爱玉,她佩戴玉器饰物。很多古籍记载西王母给中原帝王馈赠玉环、玉玦等佩饰。玉石本来很好看,我们喜欢玉石,还因为玉石赋予美好的寓意。君子佩玉,玉代表了高尚美好纯洁。以"玉"组成的词语,玉皇大帝、玉观音、玉液琼浆、玉貌花容、玉宇琼楼等,表现了人们对玉的喜爱。

西王母的玉山(又称昆仑山)是神人可以相互往来的地方。在《穆天子传》中,我们发现周穆王一路上遇到各种部落,都是那些部落的首领主动去拜见他,向周穆王献上礼物,说明周穆王的地位非常之高。但是唯独与西王母会面时,周穆王居然需要选择吉日,手执白玉珪和黑玉璧亲自拜见西王母,并向西王母献上了很多礼物。

---

① 杨文生:《王维诗集笺注》(第2版),成都:四川人民出版社2003年版,第22页。

② 《临潼文史资料第4辑·临潼胜迹专辑》,临潼县文史资料研究委员会,1988年。

③ 朱芳圃:《中国古代神话与史实》,郑州:中州书画社1982年版,第148页。

西王母需要通过人的敬奉与人发生联系。可是到了后来，由于统治阶级为维护自己的利益，使上古神话传说中人神合一的荒蛮色彩逐渐消退，在人与神之间逐渐有了不可逾越的鸿沟。骊山老母在唐朝以李筌遇仙的故事呈现于读者面前，那时的仙人与凡人已经是各自两重天，神人不往来的局面。凡人巧遇神仙，也是为了突出仙人的法力与神性，以便塑造一种神仙佳境。两位女神在文献典籍中所表达的重长寿、慕永生的思想和中国古代皇家和百姓重视现世享乐和长寿的思想相吻合。重永生的思想受中国天人合一思想的影响，自然界永远是有生命力、欣欣向荣的。人们也想和大自然一样永远青春，让自己的小个体融入永葆青春的大自然中。

　　从生态美学理论方法看，西王母和骊山老母在早期都超越了自然和社会的束缚：即超越了自然和人自身的局限性，修炼出了神通广大的能力，自由穿梭于天地两界。女神比起人来超越了社会的束缚，诸如功名利禄、地位权势等人们难以摆脱的世俗诱惑。至于后来文学作品将两位仙女卷入人间世界的是非纠纷中，可能也是为了丰富创作而已。比如，西王母在黄帝讨蚩尤的正义战争中全力支持了黄帝，又派九天玄女做军事顾问，取得战争的胜利。骊山女神从远古时期的一个部落女首领到后期以"骊山老母"名字出现，她的形象常常出现在小说的故事情节里。不难看出，这两位女神都有伟大的战略眼光，懂得战术策略和军事情报分析。

　　冯大瑜编著的《上古神话纵横谈》中，谈及西王母也被人们看成是造人和补天的神灵。看来这两位女神在民间传说中有着类似的同源性，人们把她们看成创造、孕育人类的始母，并且恢复、协调人间的正常秩序，其功劳大得可以与远古女神相媲美。还有的传说把西王母说成是骊山老母的姊妹，两人从小心灵手巧，是哥哥伏羲氏的好帮手。又说，神农氏的子孙共工氏和颛顼帝的子孙们在战争中打了起来，共工氏恼怒之下将西北的顶天柱不周山撞倒，致使天塌地崩。骊山老母与西王母同心协力补天补地，从骊山炼红、黄、蓝、白、黑五色石头来补天。她们保护了人们的生存环境，并用入地的火光把地下的冰块烧得滚烫，后来就变成了骊山脚下的温泉。

至今在宁夏回族自治区中宁县的民间文学中有描述老母和西王母补天的这样一段故事："——共工氏撞倒不周山以后，骊山老母和王母娘娘姐妹俩决心补天补地，搭救天下百姓。她们采来五色石，炼成糨糊糊。王母烧火，老母擀成石馍馍，趁热一张张补到天上……"（甘肃泾川与西王母文化）①至今每年农历腊月二十九，中宁地区家家都要烙馍馍。"馍馍外面用镊子夹成花牙，中间用葫芦按成5个小圆点，以示五色石。大年三十下午，往房上扔一个花馍馍，以表示补天，再往井里扔一个，叫作封地"。②这则神话故事将西王母和骊山老母补天补地的传说和习俗具体而生动地记叙了下来。在中宁单鼓舞中就有一首民歌，唱的就是骊山老母与王母娘娘（就是西王母）补天的事，歌词是这样写的：

　　王母娘娘来烧火，王母娘娘来烧火，
　　骊山老母烙馍馍，骊山老母烙馍馍，
　　天地补好人欢喜，烙的馍馍有多大？
　　冬冷夏热五谷结，烙的馍馍五丈八。

---

① 袁珂：《古神话选释》，北京：人民文学出版社1979年版，第128页。
② 袁珂：《中国神话传说》，上海：上海辞书出版社1985年版，第406页。

> 王母娘娘来烧火，王母娘娘来烧火，
> 骊山老母烙馍馍，骊山老母烙馍馍，
> 天地补新万民乐，烙的馍馍干什么？
> 万古传说姐妹俩，烙的馍馍补天用。

民间传说中把女神西王母和后来的骊山老母攀亲成为姐妹俩，因为她们都是传说中有名的女神，而且有类似的司职。在人们心中，她们两个都是神力大的女神。况且，中国人是重家族，崇尚血统的，不管是神仙妖怪还是人都好攀亲。人们喜欢给神仙安家落户，把不相干的神仙都能攀为亲戚，更不要说两个在人们心目中司职相近的女神了。

总结：

西王母和骊山老母做高媒的司职影响较大。西王母的"高媒"神格将高唐神女、涂山氏、简狄等神话中各个民族的神仙紧密地结合在一起，骊山老母做"高媒"也是有史可查的。道教形成后对西王母神话的流传产生了极其深远的影响，让骊山老母的形成也有了土壤。她们都源于老庄哲学尊崇女性的思想环境氛围，西王母由母系氏族首领演变成仙，进而又成为道教中最尊崇的众女仙之宗；骊山老母也由母系氏族首领演变而来，依托道教延续形成。她们掌握长生不死之药、生杀长寿大权，受到人们狂热崇拜，具有护佑平民百姓、保佑国家的各种功能。这两位女仙生存的环境也被人们美化了，天池为西王母所造，既是她的沐浴处，又是她的梳妆镜，天池北岸上的那棵老榆树，则是她手杖变成的一根定海神针。骊山与骊山老母有直接关系，老母历史上演绎的各种故事发生在骊山。而老母殿外的老榆树成了老母惩治猪八戒故事的载体。两位女仙也成了小说中不可缺失的形象，西王母在《玄女施法》《西王母降妖》《王母私访》等文学作品中频频出现，骊山老母在文学作品中的出现次数也不逊色于西王母。

西王母崇拜就目前研究反映的情况来看，已不限于个别地域或个别民族，西王母信仰已经具有跨地域跨族群的文化影响。然而，骊山老母信仰仍然具有地方性，可能是由于历史上其名称以骊山老母冠名之故吧。虽然骊山老母被当地人们视同女娲娘娘，可女娲传说的起源绝不在临潼。

第二节　骊山老母与碧霞元君

1.1　两女神多样的身份由来与形象探讨

"碧霞元君"的名字大概出现于唐代，那时就有了泰山娘娘祠庙。"骊山老母"正式命名也出现在唐朝，受到唐政府的扶植。后来，《道藏·碧霞经》里重塑了碧霞元君的形象，她的古代原型是泰山山神。近现代民间传说中还有另外一种说法，即泰山老奶奶。泰山老母最早出现在清代文人韩锡胙所作的《元君记》里。泰山老母定格为女神是民间女子得道升天的解释。泰山老母与骊山老母有着一样的称呼，秦始皇、雍正也来泰山祭祀，在泰山山顶发现玉女雕像，遂称泰山奶奶。两位女神信仰之所以能广受民众与朝廷欢迎，绝大部分需归功于道教对其形象的重新包装。玉女崇祀于元代开始明确地被纳入道教的范畴，而骊山老母在《道藏》中也被列入众仙之序。所以，她们是道教徒和民间信众共同创造出来的神灵。况且泰山女神在中国先后被人们演绎为王母、玄女、玉女等多位女神，更有着多元一体的女神功能与形象和离奇的身份由来。骊山老母的起源被人们看成是创世圣母的"女娲"，她的多样形象在文学流传中表现得淋漓尽致。

不同的是，骊山老母的雕塑形象就是以唐朝李筌遇到的女仙形象塑造的。而碧霞元君的雕像却各不相同。寺庙雕塑、图像绘画和故事都把碧霞描绘成很性感、漂亮的年轻女性。她穿着华丽、裙衫飘逸。虽然一些学者和人们认为这样很俗，但以华贵漂亮塑造女神形象却在 20 世纪很流行的。碧霞元君的其他形象也有同骊山老母一样的老妇相貌，她表情严肃、安详自然、穿着较为华贵。端庄、严肃的形象多出现在宗教里，故事里的碧霞元君往往带有奇遇、冒险的精神。然而，在清朝宫廷妇女赞助的道观里，碧霞的另一种形象完全不同，她穿着简单、没有饰品、眼睛远望，给人以高不可攀的神圣之感。

泰山女神的身份由来与骊山老母有些近似。骊山老母的历史身份有着类同于泰山女神的神仙说、玉女说、凡人说的三大来源。

碧霞元君被认为是太真夫人。西晋时期张华所著的《博物志》中说道："我东海泰山女，嫁为西海妇。"①看来，泰山女神有婚配的说法是存在的。如《神仙传》云："太真夫人，王母之小女也，年十六七，名婉罗，字勃遂。事玄都太真王，有子为三天太上府都官司直，主事东岳。"明人冯梦龙在《情史类略》之《妙音》篇中，还述说了太真夫人为女儿妙音择婿（泰山人）的故事。然而，骊山老母在民间传说中被认为是玉皇大帝的三女儿。玉皇大帝与王母娘娘

---

① 张华：《博物志》，重庆：重庆出版社 2007 年版，第 292 页。

是形影不离的夫妻关系。不管碧霞是王母的女儿,还是骊山老母是玉皇大帝的三公主,她们都是神仙的女儿,是仙人之体。还有《玉女传》云:"泰山玉女者,天仙神女也,皇帝时始见,汉明帝时再见焉。"这与《太平广记》的《集仙传》描写始皇在骊山遇仙的情节类同,都属于神女、玉女说。

在《玉女传》中曾认为泰山女神为汉明帝时期,西牛国孙宁府奉符县善士石首道妻金氏生的女儿。其名为玉叶,她非常聪明,从小与众不同。在十四岁时,她忽感母教,进入大山,就在天空山黄华洞修炼。从此,泰山就有了玉女神。虽然碧霞受神仙启迪,但她怎么说也是个凡人之身。这就和骊山老母为西戎族分支骊戎国部落一个女首领类同,两者都是凡人之身,而后得道成仙。

尽管泰山女神与骊山老母有近似多样的身份演绎,她们的崇拜信仰都具有原发性与原始性,在文化观念与思想意识上都是在本土孕育萌发的,而不像其他后来被发现的名山那样,其人文景观与文化因素基本是凭借人的各种活动引进、移植的。[①]这两个女神信仰从一开始的文明起源阶段就与人类的各种活动、各种文化思想密不可分地联结为一体。因此,它们是"土生土长"的文化现象,也是这种地域文化的本根性生发。还有,在原始社会生产力水平低下的社会发展阶段,人们面对天灾和大自然时束手无策,对生活没有勇气也没有条件去反抗、改变自然,于是便把自然信仰作为摆脱痛苦和困难的寄托。因此,女神信仰也具有这种特质性,即人们寻求神力的庇护。

[①] 袁爱国、周谦:《泰山神文化 中华石文化与泰山石》,济南:山东大学出版社1991年版,第16页。

唐人裴铏《传奇》中有封陟魂游泰山遇仙女的故事:"宝历中,书生封陟居少室,忽有仙女自天降,愿降封为妻,封正色拒之,女仙怅然而去。"①这里明显讲的是仙女与俗人相恋的故事。这样的仙人之恋大量出现在隋唐五代的唐代小说中。值得注意的是,人与异类女性的相爱故事中,表现主动的角色发生了明显变化。在唐代小说中,不少男子表现出被动,女仙却出于主动。秦始皇在骊山遇到的仙女是高贵超俗的,没有一点世俗的爱情奢望。然而凡夫俗子甚至帝王对仙女的奢求却是显而易见的。仙女恋爱题材在道教中影响很大。唐代道教兴盛,形成了仙女遇凡人并与凡人相恋的文学故事。所以,唐朝人们在泰山遇到女神的传奇也就油然而生了。

虽然泰山女神在相貌俊秀的封陟那里遭到拒绝,然而唐朝其他材料就直接成全了人仙的恋情,如在《神仙女仙传》卷第六十九(女仙十四)中写了马士良和一位仙女的故事:

> 唐元和初,万年县有马士良者,犯事。时进士王爽为京尹,执法严酷,欲杀之。士良乃亡命入南山,至炭谷湫岸,潜于大柳树下。才晓,见五色云下一仙女于水滨,有金槌玉板,连扣数下,青莲涌出,每蕊旋(蕊旋原作叶施,据明抄本改)开。仙女取擘三四枚食之,乃乘云去。士良见金槌玉板尚在,跃下扣之。少顷复出,士良尽食之十数枚,顿觉身轻,即能飞举,遂扪萝寻向者五色云所。俄见

---

① 傅璇琮、罗联添等:《唐代文学研究论著集成》(第六卷下册),西安:三秦出版社2004年版,第311页。

> 大殿崇宫，食莲女子与群仙处于中，睹之大惊，趋下，以其竹杖连击，坠于洪崖涧边。涧水清洁，因惫熟睡。及觉，见双鬟小女磨刀谓曰："君盗灵药，奉命来取君命。"士良大惧，俯伏求救解之。答曰："此应难免，唯有神液可以救君。君当以我为妻。"遂去。逡巡持一小碧瓶，内有饭白色，士良尽食，复寝。须臾起，双鬟曰："药已成矣。"以示之，七颗光莹，如空青色。士良喜叹。看其腹有似红线处，乃刀痕也。女以药摩之，随手不见。戒曰："但自修学，慎勿语人。倘漏泄，腹疮必裂。"遂同住于湫侧。又曰："我谷神之女也，守护上仙灵药，故得救君耳。"至会昌初，往往人见。渔者于炭谷湫捕鱼不获，投一帖子，必随斤两数而得。①

马士良和仙女虽终成一对，可是这里的马士良好像对女仙也没有太强烈的占有欲和奢望。他只是由于犯了法逃命进了南山，模仿仙女拿出金槌和玉板，连敲了几下后，在每朵花蕾开后，把摘下来的三四枚莲花吃了。他随后就飞腾而起、进入仙界。

泰山女仙遭遇凡人拒绝爱情的结局在骊山女神这里也有类似的情形。在《张俞游骊山作记》里也记载了俞作为俗人，招来了女仙的仰慕，却又被俞推却了的描述。两个故事均发生在唐朝，说明仙人坠入世俗之恋已经成为很流行的文学题材。不仅其他女神有过类似的记载故事，泰山女神和骊山女神都有近似的文学映射。

---

① 卢肇撰、陈尚君辑录，黄清发整理：《逸史》，第432页。

1.2 两女神司职与功能的比较

在广大民众的心里，泰山女神（又名碧霞元君）与骊山老母是两位有求必应、可亲可近的保护女神形象。只要人们祈求，她们随时会为人们造福。两位女神的中老年形象更能让人们产生依赖感和亲切感。所以，泰山女神和骊山老母的雕像是一副女性老者的样子。对于中国人来说，找一位能够帮助他们延续后代的女神永远是第一位的，这也是社会群体女神崇拜信仰的需求。明清至今，民间有所谓泰山娘娘"送生"的许多民间传说与故事，在泰山女神的女侍塑像中，有一抱有婴儿者，此乃女神阴佑妇女儿童健康平安的象征。碧霞元君能让无孕得孕，有孕顺产，所以人们对她的信奉很虔诚。碧霞元君的名头很大，在各地的庙宇里，泰山娘娘的雕塑很多，其旁都配有送生娘娘，诸如送子娘娘、催生娘娘等。

女仙具备了东方女性完美的品质：贞洁、漂亮、慈爱、公平、正义、勇敢。这些美德让她们从一开始专管妇女事务的普通女神演绎到后来集为众生祈愿造福、为贫者增财、为有疾人消病、为生者赐寿等多种职能为一体的万能之神。奉祀的人渐渐多了，女神声名渐渐远了，于是她的职能也因香客意识一天一天的转变而扩大，到了现在成了几乎所有人间祸福都管的万能女神。正因为泰山女神神力之大，人们在农历三月十五日（俗称"泰山老奶奶""泰山娘娘"生日）那天，从各地前来，登泰山拜谒最信奉的女神。孝子孝女们也纷纷进香以祈祷父母延年益寿；近期有亡者的家人也前往泰山跪拜磕头，以请山神宽宏大量，安顿灵魂。

总体说来碧霞元君和骊山老母都具有大慈大悲、为人去病消灾，化解人世间一切苦难的神能。当然，人们主要祈求两位女神保佑，帮人消灾去病、送生赐福，获得抽取灵签所带来的启示。

两位女神超人的"神力"能治愈各种疾病。在神仙殿中，人们烧香、念咒、请求神灵显灵，实现祈求者的愿望。在泰安的民间传说故事里，有很多泰山娘娘帮人治病成功的传说故事。其中一则大意是这样的：明代有一个叫何孝梓的人，他对守寡的母亲孝敬有加。可是他的母亲经常患病，多次请人看过，都未好转。最后何孝梓亲自到泰山老母前祈愿说："泰山圣母有灵，如果俺娘的病好了，我何孝梓情愿到舍身崖舍身。"①可能是他许了狠愿，感动了泰山娘娘。他母亲的病自然好了。后来何孝梓要到舍身崖舍身，用承诺答谢泰山娘娘给娘亲治病的大恩。一波三折后，何孝梓经过神仙的指点，最终免于舍身一死。

同样，骊山老母自己不仅治病救人，还传授给弟子治病救人的技术。骊山老母的徒弟谢映登，曾是大唐开国元勋，在骊山羽化成仙，为人们治病，被后人尊称为道家仙祖。谢映登自幼极为聪明，读书过目成诵，十四岁便考中秀才。后因社会动荡，为保卫族亲，他亲自组建武装，击败敌人。他为李世民灭隋兴唐立下了汗马功劳。唐贞观四年（630），李世民为各路功臣封官加爵时，唯谢映登急流勇退，看破世间荣华富贵，出家修行。谢映登在修炼过程中历尽艰辛，过着清静无为的隐居生活。他后来游历昆仑山，向王老祖求道，游阳山，生活在西北少数民族之中，之后游骊山，拜学骊山老母。谢映登在终南山及各地修行四十多年，除了显扬正道，还治病救人、普渡众生，功德圆满，最后得道成仙。

---

① 吕继祥：《泰山娘娘信仰》，北京：学苑出版社1994年版，第44页。

还有，骊山老母殿下的温泉传说是骊山女神所造，此温泉具有治疗各种皮肤病的功效。老母泉碑刻这样记载：开天辟地时，骊山没有水，相传女娲（即骊山老母）在骊山补天时需要干净纯洁的泉水。一天女娲寻到此，观天象，勘地理，认为这里有最理想的泉水，她就将一种神器掷入土里，转眼之间，一股清澈甘甜的泉水冒了出来，这就是骊山最早的泉水。几千年来老母殿的道士和后来的村民一直饮用此泉水，经科学化验，此泉水含有非常丰富的矿物质，人们饮用此水不但能够强身健体，预防多种疾病，还能避邪降福，方圆几百里的人们称此泉为"神泉圣水"，自五帝始，人们为怀念老母，称此泉为"老母泉"。

无独有偶，在台湾的骊山老母宫正殿后方也有云泉井两口，水质甘醇甜美，井内水面四季恒定保持三尺六寸之高度，绝不因暴雨或干旱而改变。据经常至宫参访信众口述，该泉水不仅质佳，有时身体微恙，亦可取云泉仙水至老母座前掷筊请示，饮后均得以治疗，信者引以为奇。与此同时，骊山有泉水，在李筌受《阴符经》一故事中也说到了李筌从泉水中取水制麦片的情节：骊山老母向他讲述《阴符经》玄意，太阳快落山时，老母说："我有麦饭与你一起食。"说着从袖中取出一瓢，叫李筌往山谷泉中端水。李筌正要把盛有水的瓢端起的时候，忽然瓢重有百余斤，李筌使出全身气力也端不动，一会儿便沉于泉里，仔细寻找也未找见。这一细节在《御定佩文韵府》中是这样记载的："令李筌谷中取水，水既满，瓢忽重百余斤，力不能制，而沉泉中，及还已失。"①

---

① 房立中：《鬼谷山、鬼谷子与道教文化》，南昌：二十一世纪出版社 2007 年版，第 38 页。

碧霞元君和骊山老母殿中均有老母灵签。民众深信神及神灵的存在，"圣母灵签"就显得对信众很有启发性了，而且两位女神都有为人们预测未来吉凶的神力。灵签包括人生八大事，即所谓的财富、官运、婚姻爱情、健康、行业、是非、离散，以及后代子息等各种人间运势。这人生八事，映射解释人们生活的方方面面，让人们从中得到指引，便于更好地生活。财富的多寡、官运的亨通与背运、婚姻的早迟与长久、健康的好与坏、子孙的福与祸等构成了签中多样的内容。总体说来，签分为上、中、下三个档次。内容较模棱两可，解释多有抚慰心灵的作用。碧霞元君妙峰山"圣母灵签"分为四类：大吉、上上、中吉、下下。骊山老母签分为大吉、上上、中和下四类，所有签的内容分别用黄色和白色两种不同颜色的字条写着。

骊山老母作为能掐会算的女仙形象在小说中多次提及。《五虎征西》中的八宝之夫狄青有难时，老母早已掐算出了；《下淮河》戏曲中老母袖内八卦就算定弟子魏金华求救于洞门；《说唐三传》中的樊梨花法场起反心，骊山老母也算出来了。可见老母对人们的前途有预见性，难怪求老母灵签者甚多。在老母殿东侧南隅，置求签问卜一桌，是善信游客问吉祥之处。求签之人，双手执签筒上下摇动然后取一签，道长依签取票，票上签词清楚易懂。如果实在不明白，还可以去求道长解释。

笔者有幸看到老母圣签的两条大吉签，上上签和中吉签各三条，下下签一条。下面为签的内容和书写格式：

骊山老母感应灵签　第十一签　大吉
阴德不是非凡事，积善之家必有余庆。

危去福来天凑巧，富贵荣华从此起。

骊山老母感应灵签　第二十四签　大吉
大好大好，时来运到。
人阳光辉，不须焦躁。

骊山老母感应灵签　第十六签　上上
绝美绝美，机缘凑你。
点铁成金，十分欢喜。

骊山老母感应灵签　第四十二签　上上
幸中幸，何须问。
诸事姻缘有，行动贵人尊。

骊山老母感应灵签　第二十八签　上上
春水满池塘，鸟语花香。
人人争向幸福场，好时光。

骊山老母感应灵签　第十二签　中吉
无挂无忧，喜上心头。
终身福缘，自己所修。

骊山老母感应灵签　第三十二签　中吉
昔日许汝到春来，谁知如今运不通。
且待菊梅开定月，依然名利两全哉。

骊山老母感应灵签　第四十九签　中吉
　　忍耐方为福，何事苦心头。
　　心事多不定，求谋暂不成。

　　骊山老母感应灵签　第二签　下下
　　运来何须心急忙，财源有时在身旁。
　　名利怎能照心愿，堪叹浮生空自忙。

　　看来，老母的签内容较为通俗易懂，读起来朗朗上口。四字一句、五字一句和七字一句构成签的内容，句子与句子之间用递进、转折、并列的关系来解释签的完整内容。

　　《太上感应篇》云："祸福无门，唯人自召，善恶之报，如影随形。"看来你的运气和自己的行为是连在一起的，所以运可改，命靠修行。命由己作，福由己求，也是抽签人需要明白的。签对信众的影响是巨大的。签的释文是多方面的，无论求何事，都可以用一种公式套着解释。求到好签的人，信心大增。凡事按着步骤做，尽一切可能达到目标。即使在奋斗的途中有些小的挫折和坎坷，他们也会相信神仙在保护他们，全力战胜困难。抽到恶签的人，心里忐忑。这样的心态往往容易出问题，他们神经紧张、手忙脚乱。自然遇事迟疑、矫枉过正，不利于事情向好的方向发展。所以，不管签好还是坏，都印证了神签的力量，人们越发迷信她的神力，签的神力也就越发灵验。

　　总之，骊山老母和泰山娘娘在人们心中神通广大，泰山娘娘的影响比骊山老母更大一些。泰山被称为五岳之首，其名声就远大于骊山。泰山娘娘信仰遍及中国全境,首先兴起于远古山东,本属山东半岛的地方信仰。由于山东原为中国文化重心所在,其崇祀渐为中原王朝所接受,泰山信仰也由中原北方继而又扩展到江南与边疆,由地区性崇拜演变为全国性信仰。①山东、直隶、河南、山西、安徽、江苏、江西、湖南、湖北、广东、福建、四川、云南、陕西、甘肃、盛京、吉林、黑龙江等地都有泰山元君庙宇的分布。朝拜泰山娘娘的民间香社不仅有着悠久的历史,还分布广泛。有些地方不便组织到泰山朝拜,人们就捐资在当地修建泰山娘娘的"行宫"。

相比之下,骊山老母信仰较为本土化。台湾也有骊山老母的庙宇,但其信仰传播之远、崇祀之盛远不如泰山。光山东省就有碧霞元君庙300多座,可以看出泰山女神的区域性影响很深远,其庙宇遍及全国,这是骊山老母信仰无法匹敌的。

1.3 古代传说中两位女神除暴安良司职的渐缺

泰山女神和骊山女神作为宗教中的神和神话中的女神都具有保护人类的使命,她们常常为人间除暴安良。在《十百村与万家庄》的神话中,讲到碧霞是玉皇大帝的妹妹,两人因争夺泰山而产生矛盾。最后,泰山落到碧霞元君的手上,玉皇就让碧霞用水淹掉泰安庄的一千个村子。泰山娘娘心地善良,怎肯答应。她最后略施一技,淹没了泰山东南方向的"十百村"。玉皇大怒问她何故,她却说我淹的就是"十百村"。十个百正好是一千。玉皇不服输,又让她淹一万个村庄。这回,碧霞淹了一个叫"万家村"的庄子。玉皇大帝知道碧霞有智谋,以后也就不和她执拗了。其实,这里玉皇代

---

① 周郢:《泰山与中华文化》,济南:山东友谊出版社2010年版,第83页。

表封建统治阶级,她大胆反抗玉帝的圣旨实际上是泰山女神爱护人民、保护群众的高贵品质的体现,也是人民寄托女神战胜暴君的思想体现。

  泰山元君不仅与玉帝斗过,还与迫害百姓的龙王斗过。传说古时候泰山周围是一片大海,海上有许多岛屿,人们享受着安居乐业的生活。突然有一年东海龙王使坏,暴风骤雨中房屋倒塌,人民遭受灾难。泰山女神与龙王进行了几个回合的射箭较量,最终让龙王服输,从而使当地恢复了太平。

  同样,骊山老母惩治贪心县官,为了百姓疾苦向龙王求情,并与秦始皇斗智,在这一点上,她与泰山的碧霞元君有着很大的相似性。两位女仙除暴安良的司职反映了人们对"真、善、美"的追求与渴望,即使现实残忍,人们希望假借外物或威力来摆平不公正的社会现实。可是发展到后来,社会进步了,神的力量对人世间是是非非的干预就没有古代那么大了。除暴安良的司职自然交给了封建社会的执法部门,人民也逐渐意识到人世间的矛盾要靠人来解决。比如,先民靠祈求神灵在干旱的日子里降雨,可是到了近代,人们慢慢懂得降雨的一些气象知识以后,大规模的祈雨仪式似乎就已成了历史,在现代社会里一去不复返了。

第三节 骊山老母与九天玄女的战神形象对比

  九天玄女,又称"元女""玄女""九天娘娘"。"九"即多,"玄"原义为黑,但在道家著作中,"玄"与"道"的含义很相近,是精神性的宇宙本体,也可以理解为超物质的精神实体。凡宇宙的形成,物质的运动，都是玄起作用。所以玄女的名字象征着主管世间的运动规律，自然，九天玄女的神力之大不能小窥。玄女与老母法术高强，她们二人接收徒弟，其弟子的本领也十分高强。

九天玄女乃一上古女神，她最初的形象是半人半兽的神灵，从《诗经》《史记》中的"鸟""半人半禽"进化为全人。在《史记·殷本纪》《吕氏春秋·音初》以及《诗经·商颂》是这样记载的："天命玄鸟，降而生商，宅殷土芒芒，古帝命武汤，正域彼四方。"①这是殷商后代祭自己祖先的诗歌。很明显，这里的玄女是一个鸟禽的形象。另外，秦的起源也与玄鸟神话有关。在《史记·秦本纪》中载："秦之先，帝颛顼之苗裔孙曰女脩。女脩织，玄鸟陨卵，女脩吞之，生子大业。"②是说玄鸟的后裔实际是秦人的始祖，他们英勇善战、平定四方、征战他国。

到了宋代的《云笈七签》中，九天玄女则彻底脱离了动物的痕迹，完全成了相貌美丽的女神。她骑的是凤凰，穿的是九色彩翠华服，成为一位专门扶助应命英雄、授以天书兵法的上界女仙，被人们称为玄女娘娘。萧玉寒《九天玄女传》中这样描述玄女的美貌："只见她九龙飞凤髻，金缕绛绡衣，玉带曳长裾，白玉绕彩袖，脸如莲花，眉如云环，唇如樱桃，玉体如雪。"③九天玄女比骊山老母出现得早，所以也有原始女神样貌的动物长相。随着时间的推移，玄女出现在各种文献典籍中，成为救助危险、掌管天书秘录、专门传授救世英豪兵法，以裁决人世劫运的上界女仙了。

---

① 马书田：《华夏诸神》，北京：北京燕山出版社1999年版，第108页。
② 司马迁：《史记·秦本纪》，长沙：岳麓书社2002年版，第29页。
③ 萧玉寒：《九天玄女传》，沈阳：春风文艺出版社1994年版，第1页。

九天玄女是仅次于西王母的女神,不仅在道教中享有崇高的地位,而且在民间有深厚的影响,资料记载九天玄女也曾传授《阴符经》。玄女传《阴符经》三百言,帝观之十旬,讨伏蚩尤。授帝《灵宝五符真文》及《兵信符》,帝服佩之,灭蚩尤。该书对玄女传授黄帝的兵书有新的说法:"佩符既毕,王母乃命一妇人,人首鸟身,谓帝曰:'我九天玄女也。授帝以三宫、五意、阴阳之略,太一遁甲、六壬步斗之术,《阴符》之机,《灵宝五符》《五胜》之文。'"《云笈七签》中九天玄女谓帝曰:"我九天玄女也,授帝以三宫五意阴阳之略,太一遁甲六壬步斗之术,阴符之机,灵宝五符五胜之文,遂克蚩尤。"看来,玄女和骊山老母都有传授《阴符经》的记载。

《反唐演义全传》中,骊山老母和玄女交织在故事情节里,就这样两个极具类似性的女仙经常被一起写入小说。小说第九十四回中,当樊梨花驾云来到西南洞离岛山,落云入洞,拜见骊山老母。老母早已晓得樊梨花的来意,便说道:"你要收此龟精,须到鸾凤山借九天玄女娘娘的八卦阴阳钟,方可除了此怪。"①《孽海花》第二十三回的梦中情节说一群童儿喊后,便把几个乌嘴油脸的小孩变成了一群青面獠牙的妖怪。她们摇着驱山铎,有的拿着迷魂幡,背了骊山老母的剑,佩了九天玄女的符。在《三遂平妖传》《三宝太监西洋记通俗演义》《说唐后传》《说唐三传》这些小说中,九天玄女和骊山老母一起出现,她们拥有很多宝贝,在与妖魔斗法时,这些法器宝贝都派上用场。这些宝物每到紧急时刻就会发生奇特的作用,助战夺胜。往往斗法的胜败由宝物的多少决定,所以两位女神

---

① 如莲居士:《反唐演义全传》(第九十回),北京:华夏出版社1995年版,第96页。

慷慨送宝,鼎力协助战争。九天玄女送给薛仁贵的五件宝物有白虎鞭、震天弓、穿云箭、水火袍、无字天书,骊山老母光送给八宝姑娘的宝物就达八样之多。

小说中的九天玄女和骊山老母都会摆阵,利用阵型的变化降服妖魔,这也是自古兵家必备之道。她们所设的阵变幻多端、幻术无穷。她们信徒极多,在民间传说中拥有极高的信誉。自古道家懂兵法,出了不少著名的军事家。女仙传授兵法在道教也有记载,其中九天玄女就授予道家自己的兵家法术。据现存文献看,九天玄女很早就具有战神职能,成为一位辅佐英雄的女仙了。这位早期只记载帮扶帝王的女仙,随着在民间影响的扩大和民心的深入,最后成了一个助战的女仙。九天玄女在远古时期的民间传说中,就有了女战神的风范。文献记载玄女曾帮助黄帝战胜了蚩尤。据《黄帝女战法》载:"黄帝与蚩尤九战,九不胜。皇帝归太山,三日三夜雾冥。有一妇女,人首鸟身,黄帝稽首再拜。伏不起,妇人曰:'吾玄女,欲何问?'黄帝曰:'小子欲万战万胜。'遂得战胜焉。"《黄帝内传》亦载:"黄帝伐蚩尤,玄女为帝制变牛鼓八十面,一震五十里,连震三千八百里。"黄帝遂大败蚩尤。玄女由此成为救助危难、传授兵法的女神。黄帝对蚩尤的战争,也有认为是由于黄帝本人清新洁身,祷告天地,检讨自责才赢得西王母的感动,遂派九天玄女教黄帝用兵之法,赐给他《九天六甲兵信之符》。

黄帝曾向玄女询问治国之道,玄女回答:"君无为而民自化,君好静而民自正,君无事而民自富,君无欲而民自朴。以文善化,循循诱导;惩恶扬善,扶弱济困;上应天理,下顺民心;行仁义,施德惠;立正法,塞邪道;修庙堂,祭祖明;四方怀德,百姓感化;以正治国,以德服众,以理教化,慈悲宽宏……"黄帝又问:"何谓王道之弊？"玄女回答："官昏庸而贪，丧德而暴；积乱于内，引患于外；伐民纵暴，好歹倒悬；民冤不伸，恶暴不除；不树中枢，众心散乱；疏于善化，邪风盛行；浪费铺张，天降饥荒……"黄帝问道："有人隐居山林修行，言能归九天，可否？"玄女回答："有根基者、有善慧者、有功德者，天必应之，随缘而归。若不修心、修德，多邪念，则难有机缘，纵然修行百年也难归矣。"黄帝问："可否知人的过去、现在和未来？"玄女回答："观现在，就知过去；看今世作为，即知后世祸福。天网恢恢，疏而不漏；天道昭昭，善恶分明。"①看来玄女提出的无为而治是道家的主张，玄女对黄帝的对话是要他遵从"仁、爱"的治国理念，身体力行，率先垂范，以"德厚侔天地，利泽施四海，靡不获福焉"的治国理念。

玄女与黄帝的对话关系治国之道和个人处事的原则态度。一国领导者若无为、好静、无事、无欲，则人民自然教化、正直、富裕、淳朴。领导人看似"无为"的最高境界，实际上在现实中就要用巧妙的"有为"来达到国家上下的和谐！国家上下应该树立善恶明晰的处罚原则，以文化来育人、用德来服人、靠正义和法来治理社会，这样就可以与天理相顺应，与民心相呼应。如果一个国家违背以上原则，则国将有外患之忧，民间邪气蔓延、人心不安，国将受灾。对于个人来说要有善根，有智慧、修心、修德、去邪念，要想明天好，就得今天积累善根；而今天的境况就是昨天的映射。这一整套上至国家下至个人的道家哲学智慧，通过虚幻的故事以人们乐于接受的方式呈现出来。

张兴发编著的《道教神仙信仰》里叙述：春秋时，吴王无道，

---

① 萧玉寒：《九天玄女传》，沈阳：春风文艺出版社1994年版，第77页。

玉帝遣玄女降临凡间助越亡吴。玄女化身为南山处女，受聘越国国师，教练六千君子军。在吴越战争中，六千猛士所向披靡。亡吴大任完成后，南山处女功成身退，不知所终。越王统治江山后，思念玄女前功，遣使寻访，毫无踪迹，即建仙女祠于南山之上，予以祭祀。

从唐代到明代，九天玄女以战争女神的形象深入人心，对文学尤其是对小说产生了很大的影响。宋元间无名氏编撰的《大宋宣和遗事》，描述了宋江得九天玄女所授天书的指示，反上梁山泊。玄女对宋江的起兵造反有着举足轻重的作用。据《水浒传》里讲述：梁山好汉劫江州法场，将宋江救上山后，宋江又下山去接老父亲和弟弟，不料被官兵发现，慌忙中逃进不道村玄女庙。官兵寻至庙中，玄女显灵，吹起一阵怪风，飞沙走石，罩下一片黑云，官兵惊恐逃走。玄女派两个青衣仙女请宋江相见，授予三卷天书，并命其道："宋星主，传汝三卷天书，汝可替天行道为主，全忠仗义，为臣辅国安民，去邪归正。"又道："此三卷之书，可以善观熟视，只可与天机星同观，其他皆不可见。功成之后，便可焚之，勿留在世。"宋江谨受命，从此坚定了起义的决心，不再三心二意。

明代冯梦龙所著《三遂平妖传》杜撰九天玄女化作处女助越伐吴，后又借掌管九天秘书之便，盗刻天书道法。宋江接受玄女娘娘兵书之事后，得到了天启。明代吴元泰《东游记》第九回写太上老君的青牛私逃入下界为妖，后国王在九天玄女帮助下收服了青牛精。施耐庵《水浒传》以《大宋宣和遗事》中玄女授宋江天书故事为蓝本，第四十二回写九天玄女救宋江，并授予他三卷天书令其替天行道辅国安民；第八十八回写玄女托梦给宋江授以破辽军阵之法，因此大败辽军。宋江在玄女庙梦见九天玄女的情景被描述得淋漓尽致、十分精彩。"太乙混天象阵"十分厉害,宋军攻打八次均损兵折将,宋江无计可施,整天闷闷不乐,寒夜困倦,梦二仙女引其拜见九天玄女。玄女娘娘授予宋江三卷天书和四句天言。四句天言是为"遇宿重重喜,逢高不是凶。外夷及内寇,几处见奇功"①。这里,玄女娘娘当面授以破阵之法,宋江即以此法破阵,大败辽兵。说起来也矛盾,玄女让宋江造反朝廷,可是为什么当宋江归顺朝廷后还助他打败辽兵呢?看来,小说中只想强调娘娘的助战功能,而似乎对于正义与否不作理会。

《女仙外史》第八回讲到了九天玄女以导师身份向人们教天书,文中鲍师这样说道:"目下玄女娘娘驾临,讲授天书,你随姊姊做个侍从,得闻微妙玄机,却不是好?"②又传说玄女游云梦中之地,见山中有白云洞,仙气缭绕,便暂时歇息于此。洞中白猿化身袁公,向玄女虔恭朝拜,终日摘花献果,加以供奉,玄女见他小心谨慎,修持养道,遂尽传剑术予他。功成携白猿同上天庭朝见天颜,玉帝见之甚喜,封袁公为白云洞君,敕他掌九天秘书。

随着时间的推移,民间对九天玄女扶助英雄、传授兵书那一套职能已日渐淡忘,九天玄女增加了一项最实惠的送子功能。北京郊区的九天玄女庙已被彻底改造成了送子娘娘庙,光九天娘娘庙,北京就有三座。祈子求嗣者络绎不绝,香火极旺。不光如此,全国各地都有玄女庙,庙中主神是九天玄女娘娘。在各地庙宇中九天玄女也与其他女仙合祀。

无独有偶,九天玄女也有和骊山老母一样的帮助人们解除疾病

---

① 罗伟国:《话说道教》,银川:宁夏人民出版社1994年版,第77页。
② 吕熊:《女仙外史》,济南:齐鲁书社1997年版,第55页。

的医药女神之功。玄女散药的传说广为流传，影响深远。在一些作品中就讲到了玄女给病人开药，使其摆脱痛苦的案例。据《隋书》记载，玄女对周素疾病了如指掌，授药一丸后不久顽疾退去。玄女曾向黄帝解答男女俯仰升降盈虚之术，表明玄女还是颇精养生之道的女仙。① 如袁枚的《新齐谐·九天玄女》云：

> 周少司空青原，未遇时，梦人召至一处，长松夹道，朱门径丈，金字榜云"九天玄女之府"。周入拜，见玄女霞帔珠冠，南面坐，以手平扶之，曰："无他相属，因小女有像，求先生题诗。"命侍者出一卷子，汉、魏名人笔墨俱在焉。淮南王刘安隶书最工，自曹子建以下，稍近钟、王风格。周素敏捷，挥笔疾书，得五律四章。玄女喜，命女出拜，年甫及笋，神光照耀，周不敢仰视。女曰："周先生富贵中人，何以身带暗疾？我无以为报，愿为君除此疾，作润笔之费。"解裙带，授药一丸，命吞之。周幼时误食铁针，着肠胃间，时作隐痛，自此霍然。

九天玄女与骊山老母都是养生女神，她们都受到了古代传统身体、气以及精的影响。这与古代身神观念的由来与发展有关。古人对自己身体的认识最初是带有神秘感的，并将对人体的认识与自然界景象结合在一起，《山海经》中对山林水里的兽就描述成它们具有人体的某个部位，或头或躯体或四肢等。这体现出先民将对身体认识与天地万物变化联系在一起。随着生产力的发展，古人对身体

---

① 张兴发：《道教神仙信仰》，北京：宗教文化出版社 2019 年版，第 410 页。

的发现越来越多,并逐渐开始思考身体的来源。《黄帝内经·素问》中说:"人以天地之气生,四时之法成。"①可以看出,此时人们主要围绕气来讨论身体的来源,认为气是化生身体的重要物质,形成了一种气化的身体观。

除了关于身体来源的思考外,古时的人们对自己身体的认识更多集中在身体疾病和死亡的问题上。从迷信巫师占卜、仪式驱鬼到医家探索治疗疾病的手段,人们逐渐认识到身体疾病产生的原因不再是因鬼神作祟,而使人们感到束手无策,是可以通过医家有效的手段进行治愈,并产生了如何预防自己身体生病的意识。其中最为突出的是道家养生说,道家重视完整的身体,认为养生是使身体形与神合一,去欲望之身,顺其自然,修成道身。道家学派尤其是庄子,为个人养生奠定了理论的基础,人们的生活不再受天的意志所影响,而是逐渐发挥主观能动性,达到健康,从而积极追求自身的价值。

古人有修炼存思法,如保持虚无寂静、恬淡无为,寻一寂静的地方过隐士般的田园生活。即修炼存思法者应居于虚无寂静的空间,犹如佛教的冥想,使形体不受外界的影响和玷污,这样方能使人脑保持清醒,为探索世界和寻求知识创造环境。修身养性者在心境上应做到恬淡无为无私无欲,因为无欲则刚,人在没有欲望私心和贪念时才能领悟"道",思想达到通透的境界,才能更好地了解宇宙万事万物的运行法则。相反,如果一个人被欲望充斥,那么在认识事物时就会受到主观欲望的烦扰,是不能领会事物的本质和大自然

---

① 张灿玾、徐国仟、宗全和校释:《黄帝内经素问校释》,北京:中国医药科技出版社2016年版。

的真谛的。道教的"致虚极,守静笃""见素抱朴,少私寡欲"就是要求人们修炼静心的本领,或许,骊山老母让李筌吃的麦饭就有排除人间物质欲的功能。

当然道教中也有吞咽津液的养生之法。人称津液是体泉、玉液,认为这些津液是由练气所生,是五脏的精华。人们在存思时,周身真气在体内流转,通过五脏六腑产生,又可以通过叩齿等方法产生,将津液吞咽,可以使身体得到保养,青春常驻。道教中的身神观念是作为修炼长生成仙术之一的存思修炼的基础,它的产生和发展基于中国古代的鬼神文化,由先秦时期人们的疾病观和死亡观发展到秦汉时期的身体养生,进而在东汉时由方士结合了此前人们的身体观念,将人体器官由神话到宗教化,最后形成了身神和谐的观念。而这一观念被道教吸收后,由简到繁,单一到丰富,由零散到系统,最后形成了相对完整而系统的存思身神修炼术。这些完整的道教修身养生之术自然也是女神的职司所在。

玄女和骊山老母,是正义之神,她们的形象经常出现在古典小说之中,充当古代作品中的主角或配角,成为扶助英雄铲恶除暴的应命女仙;或充当造反英雄的角色、惩治邪恶的形象。故而玄女在道教神仙中的地位异常重要,她能知天下得失,察人间善恶。她们在古代文献和民间传说中都有惩恶扬善、扶弱济贫的神力。她们在现实生活中还有着给人送子传后、去病消灾的实际功效。女仙们在文学作品中表现得道术高超、法力无边,与世间帝王或俗人的交往有着情感意趣的基调。她们具有中国古代女性的贤德与智慧,为黎民苍生降下吉祥、安宁和欢乐。

女神对比小结:西王母、碧霞元君、九天玄女、骊山老母是女仙群体美的表现,也是女性美世俗意识在仙界的体现。她们反映了女性在实际生活中的地位，曾有的女仙性别优势建构起来的母系继承制促使女仙体系的庞大。这些女仙是凝聚着中国元素的东方美神，闪烁着真善美以及东方女性的智慧与才干。史料有记载的西王母虽有男仙陪伴，却没有说过他们爱情的存在。碧霞和九天玄女未曾提过有伴侣和爱情，同西王母和骊山老母一样均由原始女神转化，她们不仅没有爱情，也没有作为"爱人"而存在。她们的世界，是一个不知"爱"为何物的国度。这些女仙都有人类世俗所赋予的帮人们绵延家系、催生抚育子孙的功效。

第四章 文学中的骊山老母及其女弟子形象

第一节 骊山老母的文学形象探源

古代神祇的形象建构得如何，完全取决于文学的加入，即一个神明，他（她）的形象是否鲜明，是否有特色，是否丰满，是否具有神力、感召力，皆依赖于文学对他（她）的想象、加工、塑造、刻画以及传播。所以说，文学是自然宗教（natural religions）或自发宗教（spontaneous religion）的主要载体和翅膀。因为，自然宗教基本没有教义（teaching；doctrine）、教理（dogmata）和经典文献（canon）以及教仪（verordnung；ritual）等，仅有对所祭奉神祇的虔诚崇拜，所以，以口头流传的文学故事形式，塑造和宣扬该神祇的神性、神力、神威、神德，就成为一种最为有效的手段和方式。

骊山老母正是众多自然宗教神祇中的一位。在骊山老母的诸多文学传说中，其神性的来源是一个由文学而决定的因素。据传说，骊山老母是玉帝的三公主，是玉帝所有女儿中长得最漂亮也是最善良的一个，深得众神仙的喜爱。原本三公主一直无忧无虑地生活在天宫，后因天上的三条恶龙作乱人间，戕害百姓，三公主主动请缨下凡捉拿恶龙。在此期间，三公主喜欢上书生杨天佑，并与他结婚生子,起名杨戬。玉帝知道后,将三公主压在桃山下。后来杨戬长大,拜玉泉山的玉鼎真人为师,学得了一身武艺。后因救母的孝心感动了玉帝,玉帝下旨特赦了三公主。这一故事流露出几个资讯:

(1)故事的形成不会早于唐代,因为作为天庭的最高统治者的"玉皇大帝"及其神号是唐代中期形成的。中唐元和诗人白居易说"仰谒玉皇帝,稽首前至诚",白居易的挚友元稹也说"我是玉皇香案吏"。

(2)讲述玉皇大帝的《高上玉皇本行集经》大约成形于晚唐宋初。玉帝的出身和来历似乎与佛教有关:

> 尔时元始天尊在清微天中,玉京金阙,七宝玄苑,玉皇宫殿,升光明座,与无鞅数众,宣说灵宝清净真一不二法门。是时,玉皇尊帝,与诸真圣、飞天大圣、无极神王、灵童玉女、九千万人,清斋建节,侍在侧焉。于时,玉帝知时,欲至,即于会前,举六通力,放大光明,遍照诸天,无极梵刹,一切境界,皆大震动。十方无极,一切世界,俱同琉璃玻璃,无有隔碍。十方来众,并乘五色琼轮,琅舆碧辇,九色玄龙,十绝羽盖。麟舞凤唱,啸歌嗡嗡。灵妃散花,金童扬烟。赞咏洞章,浮空而来。是时,梵天一切金仙、大乘菩萨、四众八部,承斯光照,皆来金碧九霞,流景飞云玉舆。庆宵四会,三辰吐芳,飞香八凑,旋绕道前。雨众妙花,如云而下,遍覆会前……天尊言曰:"往昔去世有国,名号光严妙乐。其国王者,名曰净德。时王有后,名宝月光。……我今将老而无太子,身或崩殁,社

稷九庙，委付何人？作是念巳，即便敕下诏诸道众，于诸宫殿，依诸科教，悬诸幡盖，清净严洁，广陈供养，六时行道，遍祷真圣。已经半载，不退初心。忽夜，宝月光皇后梦太上道君与诸至真，金姿玉质，清净之俦，驾五色龙舆，拥耀景旌，阴明霞。盖是时，太上道君安坐龙舆，抱一婴儿，身诸毛孔，放百亿光，照诸宫殿，作百宝色。幢节前道，浮空而来。"是时皇后心生欢喜，恭敬接礼长跪道前，白道君言："今王无嗣，愿乞此子为社稷主。伏愿慈悲，哀悯听许。"尔时道君答皇后言：'愿特赐汝。'是时皇后礼谢道君，而乃收之。皇后收巳，便从梦归。觉而有孕，怀胎一年，于丙午岁正月九日午时，诞于王宫。当生之时，身宝光焰，充满王国。色相妙好，观者无厌。幼而敏慧，长而慈仁。于其国中，所有库藏，一切财宝，尽将散施穷乏困苦、鳏寡孤独、无所依怙、饥饿癃残，一切众生。仁爱和逊，歌谣有道。化及遐方，天下仰从。归仁太子，父王加庆。当尔之后，王忽告崩。太子治政，俯念浮生，告敕大臣，嗣位有道。遂舍其国，于普明香严山中修道功成，超度过是劫巳历八百劫，身常舍其国为群生，故割爱学道于此后经八百劫，行药治病，拯救众生，令其安乐。此劫尽巳，又历八百劫，广行方便，启诸道藏，演说灵章，恢宣正化。敷扬神功，助国救人，自幽及显。过此巳后，再历八百劫，亡身殒命，行忍辱，故舍己血肉。如是修行三千二百劫，始证金仙，号曰：清净自然觉王如来，教诸菩萨，顿悟大乘正宗，渐入虚无妙道。如是修行，又经亿劫，始证玉帝。说是语巳，法筵清众，异口同声，叹未曾有。①

这段讲述，不光人物的名字和描绘场景的术语借用了诸多的佛教术语，就连文本讲述的方式、结构也几乎是照搬了佛传文学。可以说，玉皇大帝的一个来源是佛教的。道教本身是不太擅于构造经典的，早期道教的着重点都放在了修行的实践上了。晋宋以后思想界掀起的三教论衡，迫使道教不得不加强经典的建设。然而，道士们长期缺乏理论思辨的训练和构建弘大图景素养，故在构造经典时不得不模仿、因袭佛典。玉帝经典就是一个典型的例子。玉帝出身很明确：原为光严妙乐国国王净德和王后宝月光的太子，继承王位后，仁爱有道，又舍国修道，历三千二百劫，证得金仙（佛），又历亿劫，证得玉帝。

（3）骊山老母为玉帝的三公主。据历代神话传说，玉帝似乎无子，皆为女儿。故骊山老母作为玉帝的三公主就事出有据了。事实上，在民间神话传说中，具有神性的三公主似乎是一个普遍的称呼。同样，距骊山很近的华山也有一位三公主，又称三圣母，为华山神西岳大帝和华山三夫人（王姓或杜姓或萧姓）第三女，其长兄、二兄为华山二郎神和三郎神。唐代成书的《广异记》记录了两则与华山三郎有关的故事：一为三郎神虐待妻北海神女（三卫）；二为三郎强娶民妇，皆言在华山为恶。《广异记》最早言及华山三夫人：

赵郡李湜，以开元中，谒华岳庙。过三夫人院，忽见

---

① 蔡铁鹰编：《高上玉皇本行集经》卷上《清微天宫神通品》，《西游记资料汇编》（第二编），北京：中华书局2010年版，第296页。

神女悉是生人，邀入宝帐中，备极欢洽。三夫人迭与结欢，言终而出。临诀谓湜曰："每年七月七日至十二日，岳神当上计于天。至时相迎，无宜辞让。今者相见，亦是其时，故得尽欢尔。"自尔七年，每悟其日，奄然气尽，家人守之，三日方寤。说云："灵帐璔筵，绮席罗荐。摇月扇以轻暑，曳罗衣以纵香。玉佩清冷，香风斐亹。候湜之至，莫不笑开星靥，花媚玉颜。叙离异则涕零，论新欢则情洽。三夫人皆其有也。湜才伟于器，尤为所重，各尽其欢情。及还家，莫不惆怅呜咽，延景惜别。"湜既寤，形貌流汍，辄病十来日而后可。有术者见湜云："君有邪气。"为书一符，后虽相见，不得相近。二夫人一姓王，一姓杜，骂云："酷无行，何以带符为？"小夫人姓萧，恩义特深，涕泣相顾，诫湜："三年勿言，言之非独损君，亦当损我。"湜问以官，云："合进士及第，终小县令。"皆如其言。

最早言及华岳神女的是《广异记》：

近代有士人应举之京，途次关西，宿于逆旅舍小房中。俄有贵人奴仆数人，云：公主来宿。以幕围店及他店四五所。人初惶遽，未得移徙。须臾，公主车声大至，悉下。店中人便拒户寝，不敢出。公主于户前澡浴，令索房内。婢云：不宜有人。既而见某，群婢大骂。公主令呼出，熟视之曰：此书生颇开人意，不宜挫辱，第令入房，浴毕召之，言甚会意。使侍婢洗濯，舒以丽服，乃施绛帐，铺锦茵，及他寝玩之具，极世奢侈，为礼之好。明日，相与还京。公主宅在怀远里，内外奴婢数百人，荣华盛贵，当时莫比。家人呼某为驸马，出入器服车马，不殊王公。某有父母，在其故宅，公主令婢诣宅起居，送钱亿贯，他物称是。某家因资，郁为荣贵。如是七岁，生二子一女。公主忽言，欲为之娶妇。某甚愕，怪有此语。主云："我本非人，不合久为君妇。君亦当业有婚媾，知非恩爱之替也。"其后亦更别婚，而往来不绝。婚家以其一往辄数日不还，使人候之，见某恒入废宅，恐为鬼神所魅。他日，饮之致醉，乃命术士书符，施衣服中，乃其形体皆遍。某后复适公主家，令家人出止之，不令入。某初不了其故，倚门惆怅。公主寻出门下，大相责让，云："君素贫士，我相抬举，今为贵人，此亦于君不薄，何故使妇家书符相间，以我不能为杀君也。"某视其身，方知有符，求谢甚至。公主云："吾亦谅君此情，然符命已行，势不得住。"悉呼儿女，令与父诀，某涕泣哽咽。公主命左右促装，即日出城。某问其居，兼求名氏，公主云："我华岳第三女也。"言毕诀去，出门不见。

这两则故事都说的是华岳神女，前者为有姓的三位夫人（王、杜、萧），后者明言第三女。两则故事内容皆说华岳神女与读书人私通之事，似乎隐喻着神女渴求爱情的一种孤独、忧郁。显然与作为老母的骊山神女在故事的互文性上差异较大。

（4）作为二郎神的杨戬原本与华山二郎无关，其衍生的神话来源乃是战国后期蜀中灌口（今四川省都江堰市）神，成于唐，盛于宋。宋真宗（赵恒）应蜀中大臣张乖崖奏请，追封二郎神为"清源妙道真君"。元明时期，随着说唱文学的兴起，二郎神的故事传播范围愈加广泛，内容也不断丰富。因关中东府一带干旱缺雨，民间自然想到了灌口的治水二郎神，于是便将华山二郎附会一起，形成了新的二郎神形象。其中《二郎宝卷》在民间神祇崇拜的推动下，构建了一个非常生动的"劈山救母"（桃山救母）的神性故事。桃山之地理难以确指，或为桃止山（亦称"鬼门关"。桃木有"鬼怖木"之说，故道士捉鬼或驱鬼，皆用桃木符或桃木剑）之略写，然地理仍不能确指。以劈桃山救母，明显受佛教目连救母故事的影响。"二郎救母，访学目连尊者，灵山世尊，西天求教，血盆真经，游狱救母，九环锡杖，响亮一声，幽冥教主，十帝阎君，十八狱王，七十五司，催府真君，都来接迎，我佛到狱，有何来音，目连便说，我来游狱，救我母亲，狱主听说，引着前行，狱狱游过，来到奈何桥中，母亲便叫，救我超生，目连向前，圣饭一钵，吃在腹，化作灰炭，莲花化生，十八地狱，七十五司，挂上我得，大乘名号，后来男女，早出幽冥。"据《二郎宝卷》载，二郎杨戬母亲三公主名云华（云花女、张仙姑、张云台、三神姑、白莲公主、莲花公主等），属于民间故事的流传，皆因地而说。不过，这也可以看出，杨戬救母，完全是从目连救母的原型而来。说云华为斗牛宫主人。斗牛，是指二十八星宿中的"斗宿"和"牛宿"。庾信有"路已分于湘汉，星犹看于斗牛"。"斗宿"又称斗木獬，为北方玄武第一宿，共有10个星官，原由52颗星组成，后增补至93颗星。因其星群状如"斗"而得名。又因是北方玄武首宿，故又被称之为"天庙"，即属于天子之星，常人不可冒犯。"牛宿"，又称"牵牛"，为玄武第二宿，由6颗星组成，星状如牛角而得名。"牛宿"星群中，还包括民间传说中著名的"织女星"，二者构成了一段美丽却又心酸的爱情、婚姻、家庭故事。斗宿属于天庙，牛宿则包含牵牛、织女二星，于是"斗牛宫"乃是玉帝及其家眷所住之宫。这样，"斗牛宫"就与骊山老母（"摩利支天""紫光夫人""泰阳""斗姆元君"）联系到了一起，因为骊山老母的九子构成了北斗七星，而杨二郎之母云华则居主南斗（6星）。二郎杨戬的劈山救母遂衍生而成。

与杨戬"劈山救母"故事互文的是另一个"劈山救母"的神话故事——《宝莲灯》（又名《劈山救母》）。这个民间传说相比《二郎宝卷》要晚，大约形成于清代中后期。故事说的是西岳华山大帝之女三圣母私嫁凡间书生刘玺（又名刘向，字彦昌）而被长兄抓走镇压在华山莲花峰之下。三圣母之子沉香在山穴中出生，被其母命夜叉送出山外。沉香长大后，回华山寻母，得遇"八仙"之一的何仙姑传授仙法，又得萱花神斧，于华山大战舅父。甥舅各得神仙助阵，双方各显神通，混战一起，不分胜负。后得玉帝御令，经太白金星说和休战，沉香以斧劈开华山，救出三圣母，母子团聚。这一传说中的三圣母，似乎与骊山斗姆元君无甚关联，但二者地理距离十分接近，人物转换当有借鉴之处。杨戬劈山救母的传说原型，当于南宋形成，至明嘉靖时期正式形成了《二郎开山宝卷》，完成了"忠孝双拥""劈山救母"的叙事结构。

一个由"摩利支天""紫光夫人""泰阳""斗姆元君"——华山神女——云华——西岳大帝之女三圣母，骊山老母的文学形象在诸多女性的传说互文中逐渐形成，尽管她的主角地位不断退让为配角（不断变化姓名和神力），但还是可以看出，民间的文学传说永远离不开神性女的缺位，她们承担着传说中的启承转合，往往是情节展开的因缘，尽管其神性神力大大减退和削弱。

第二节　骊山老母在小说、戏曲中的世俗形象

"文学是移位的神话，神话是文学的结构因素。"典型人物中的典型情节构成了文学叙述的基本构架，骊山老母出现在小说中，其丰富的细节描写及跌宕起伏的情节及交织在一起的人物变化，让读者产生强烈的感染力，展现老母的性格，拓深作品主题，当然也演绎了神话原型在小说中的书写。

文学艺术本身就与民间传说有着不解之缘，很多文学作品以民间传说为基础，有的甚至直接对民间传说进行加工改造。从接受心理而言，比较熟悉的东西往往更容易为人们所接受，更容易迎合世人的口味。女神作为人们熟悉的形象出现在众多作品中，不仅增加了作品的趣味，也对文学作品产生了影响。先秦、两汉的小说中有一些女神、女仙形象，魏晋南北朝也有很多女仙的故事与传说。到了唐朝，随着"骊山老母"这个名字的正式形成，她就频繁出现在小说中，并逐步呈上升趋势。

道教的审美思想通过通俗文学的宣传媒介，采用大众乐于接受的文学形式进一步渗透于社会文化生活之中。通过神仙故事把道教思想传达世人，这样的功利做法，其目的是说教更多的人相信道教，从而成为道教的信徒。宋代以后，民间宗教神灵谱系日益庞大，类型众多，道教的神仙影响不断扩大。玉皇大帝超越了道教的界限，成为民间广泛信仰的至尊天神。此外还有三清尊神、王灵官、王母娘娘、碧霞元君、骊山老母、关圣帝君等各路道教神仙故事在民间的广泛流传。加上小说、唱本等文艺作品将这些神仙的大力宣传，

就这样，像骊山老母这样的女神被世俗化而且与世俗文学结合，实现对民众的传播和教化，其自身信仰世俗化的程度也随之扩大了。

女神在文学作品中是现实女性的映射，她们不仅具有好的品行，还有女性一系列优良品质，诸如美丽、善良、惩恶扶正等。在男权意识影响下，秦始皇曾在骊山遇到的姿色艳美女仙，可以说是天上女神了（天神类）。骊山女神之所以在传说中出现了美丽年轻的相貌，可能是中国千古不变的男性对女性相貌娇美要求所致。西王母也由似人非人的女神转变成美丽、温柔、善良的女神。骊山女神的氏族部落首领形象应该是世间神女（地祇类），但是李筌在骊山遇到老母带有些奇境遇仙的性质，只是这里老母年纪颇大，不然倒也算得上奇境仙女了（人仙类）。骊山老母在小说等文学作品里的形象大抵可以分为斗法、参战的女战神，显灵、显能的神人，教化人的圣母，以及助徒、帮助弟子姻缘的师父形象。

1.1 斗法、参战的女战神

明朝罗懋登的《三宝太监西洋记》第四十三回"火母求骊山老母，老母求太华陈抟"中描述老母救徒弟心切，不惜余力地让斗争场面进展到无法调和的局面。最终惊动天庭，玉皇大帝出面才结束了僵局。还有《说唐三传》《异说后唐三传·薛丁山征西樊梨花全传》《仁贵征西说唐三传》《说唐征西传》《宋太祖三下南唐》《薛家将·薛丁山征西》《反唐演义传》都涉及骊山老母参战的形象描述。骊山老母在这些小说中表现出十分强大的战斗力，为了徒弟在战场上斗法，甚至蛮干，最终达到了自己的作战目的。

《三宝太监西洋记》中认为：骊山老母称自己为治世天尊，火母之师。因她生子盘古氏分天地，故称为老母。她法力深厚，神通广大。老母的徒弟火母禅师在爪哇国遇难,她下山救援,与佛祖金碧峰交战,老母大开杀戒,使佛祖遭受金枪之难。这次道、释之争惊动了天宫。最后通过玉皇大帝的亲自调解,双方和解。金碧峰放了老母的徒弟火母,老母带着火母回到骊山修炼。当然演义是可以虚构的文艺作品,作者可以随意发挥想象塑造人物。《三宝太监西洋记》中,老母被认为是盘古的母亲,可连盘古都是先民想象出来的"人"。远古传说盘古是在昏暗如蛋壳的物体内发育1.8万年后成人的,怎么可能突然在小说中又有这样的生母呢?这种虚构给读者以心灵的震撼和理性思考,让作者笔下的人物升华,小说艺术的虚构和想象让读者感受到神秘。

在《三宝太监西洋记》中火母曾求过骊山老母,所以在《三宝太监西洋记》中老母自称为火母之师也是有道理的。因为老母曾多次为火母帮忙,老母的本事之大折服了火母,火母认老母为师出于情理之中。老母在故事里求过陈抟、叫过龙神、请过天兵、动过武力,她为火母两肋插刀,老母的仗义与霸道渲染于纸上。

老母救火母的情节与传说中的张天师的故事情节如出一辙。林辰著的《神怪小说史》中是这样说的:王神姑变化无穷,把张天师戏弄得无可奈何,金碧峰则轻而易举地把她擒住,王神姑被释放后又请来她的师父火母,可没想到火母也被金碧峰扣在盂钵之下;她的师父骊山老母下山搭救徒弟,并请陈抟老祖前来助战。金碧峰搬来托塔天王父子和上洞八仙;金碧峰和骊山老母斗法,惊动了玉帝和观音菩萨,调解说和方算罢休。[①]王神姑父母早亡,从小习武,受骊山老母指点有腾云驾雾的能力,神通广大。她在两狼山落草遇到

[①] 林辰:《神怪小说史》,杭州:浙江古籍出版社1998年版,第135页。

了爪哇国总兵官咬海干,两人结为夫妻。随后,她与咬海干一起与明朝军队作战,最终被金碧峰困住。骊山老母为救王神姑使尽自己所有能力,她仗义,但也倔强好斗。由于老母受不了王神姑的几句激将之语,便决定搭救困在钵盂里的火母,这样战争的序幕就拉开了。正如戴维·利明、埃德温·贝尔德所说的那样:"古代希腊人既赋予他们的神以超人的力量,也赋予他们具以人的弱点。在他们眼里,宙斯既是律法的制定者,也是个调戏妇女的伟人。"[1]中西方的神都有人性的特点,自然也有像人一样的人性缺点。老母作为女神也没有逃脱人性的弱点。

老母救徒的行为和她一开始劝说王神姑的话完全相悖。老母问道:"你回去对着你的师父说:你既是一个出家人,已超出三界外,不在五行中,倒不在山中修心炼性,反去管人间甚么闲事。"[2]老母看似不会轻易管人间之是非,可是王神姑却用和尚的蔑视语言刺激、激怒她。老母具有人性的好胜心,这场战斗的初始动机就是为了争口气,以解心中之恨。为了确保争斗胜利,老母不顾东海水晶宫之安危,只求得到龙神的相助。老母早知龙王会犹豫,便大喝一声道:"唗!你若说半个不字,我教你这水晶宫里都住不成,我就打落你到阴山背后,教你永世不得翻身!"[3]龙王没奈何,只得开了冷宫,放出四条冷龙。为了战争制胜,老母还不惜使用自己的法力,显现出了丈八真身。她左边站着一个金莲道长,右边站着一个白莲道长,

---

[1] 戴维·利明、埃德温·贝尔德:《神话学》,上海:上海人民出版社1990年版,第12页。
[2] 罗懋登:《三宝太监西洋记》,上海:上海古籍出版社1985年版,第345页。
[3] 同[2],第357页。

后面站着一个独角金睛神兽。这样的作战阵法,是到了以死相拼的局面了。

在《三宝太监西洋记》四十三回中,提及骊山老母与骊山的关联。当他们到一个山上,白莲道长道:"师父,这个山好像我们的山,只是大小不同些。"老母道:"我曾在这个山上度化一个徒弟,名唤达观子。至今这个山上有我一所祠堂。因我氅衣拄杖,人们也叫我骊山老母。你若不信,我和你去看一看来。"①小说告诉了读者骊山老母曾修行的山为骊山,在这里度化了达观子。唐朝李筌在骊山上遇到老母,又得到《阴符经》之事实际上是小说虚构的原材料。可以看出,作者在这里把李筌在骊山上受《阴符经》之事写出来,让人们知道骊山老母的身份与故事。暗示了历史上老母授阴符的故事,使小说情节虚构有了较为可靠的历史记载。

《三宝太监西洋记》第四十四回"老母求国师讲和,元帅用奇技取胜",升级突出老母法力之大、法术之高及斗法的勇猛。本回开始通过陈希夷(陈抟老祖)对老母的敬意,显示出了老母的名声与威力。

只见陈抟老祖睡在一张石床上,鼻子里头发出鼾齁。老母叫声道:"希夷先生好睡哩!"希夷先生过了半晌,才转个身,叹口气,睁开眼来。见是治世老母,连忙爬起来,整肃衣冠,两家相见。

可见,希夷还是很尊敬老母的,快速从睡觉中醒来迎接老母。老母对他不肯帮忙救徒极为不满,便道:"祖师是个不肯去的意思。"希夷道:"非不肯去,只因有些不便处。"老母道:"祖师,你莫怪我说,当初哪里有这等的世界,哪里有这等的名山?亏了我治世之

---

① 罗懋登:《三宝太监西洋记》,上海:上海古籍出版社1985年版,第402页。

功。你今日既不肯去，我把天下的山都收了，看你睡在哪里。"陈希夷见老母发性，只得勉强依从。老母仗势欺人，用她过去的功劳威吓陈希夷，还用收了希夷的藏身之处而威逼他帮忙。

　　老母在希夷面前夸耀自己的光荣历史，一则显示其本事，二则是用来威逼利用以达到她自己救徒的目的。当然，老母不可能把天下的山都收了，这里她只是说气话。但是陈抟老祖经不起老母的震慑，不得不答应相助老母救火母。小说中把老母塑造成了治世的神仙，创造了万物和人类。看来，骊山当地的人们把老母看成造物主可能是受到小说中虚构情节的影响。

　　小说里描写老母这样施法：半空中哗啦一声响，早已现出一座削壁的高山，这个削壁悬挂在半空中，渐渐地往下来坐，连天也不觉怎么高，连四面八方也不知怎么大，连日月三光也不知怎么形影，连四大部洲也不知怎么着落，黑雾双垂，阴云四合。她能挪动大山使日月遮光，似有佛家如来之无边法力。

　　老母施法自变为三座山，还带领了许多天神天将前来助阵。八仙为劈开老母设置的三座神山献策战斗，可是都无法将山破坏。小说夸大老母能力，让事态无法控制。不过骊山老母最终在玉皇大帝、观世音菩萨的调解下收兵与佛祖和解，还被佛门的法力折服。骊山老母吃了一惊，心里想：我费了许多心事，差了许多，诸天诸圣，都不能够掀动半分，谁想这等一个小小的和尚，倒反不费些力掀将起来，可见佛力无边。她最终被佛教的内涵和神通折服。这和她开始对佛家的态度截然不同。在小说第四十三回中，老母对释门不以为然，说道："有了吾党，才有天地世界。有天地世界，才有他释门。"老母这般态度转变，也表现了当时佛教在明朝的社会力量。道教与佛教的矛盾在明朝慢慢开始消融，随着社会发展，道佛最终结合在一起，似为友好的一家。布袋和尚是弥勒佛的原型，他"大肚能容容世间难容之事，开颜便笑笑天下可笑之人"。在《布袋和尚忍字记》中，弥勒佛化身为布袋和尚度富翁刘均佐出家。布袋和尚在风雪中救起刘均佐，与他结为兄弟。这里把身为罗汉的刘均佐和骊山老母化身的妻子结成姻缘，暗示佛道在中国乃为一家。（布袋云）"刘均佐，你听着：你非凡人，乃是上界第十三尊罗汉，宾头卢尊者。你浑家也非凡人，他是骊山老母一化。"①这里，道教和佛教之人结成了姻缘，自然关系就靠近了。

在《陕西传统剧目汇编·汉调：二簧》第八集所收马仁才口述中，依托《杨家将》故事所唱的剧中说道："宋王怒，令老将石元带兵三千，围攻天波府，却被佘太君儿媳王怀女和孙媳妇穆桂英杀退。八贤王出面讲情。宋王下令把王、杨两家眷下牢，单使王怀女和穆桂英去雄州察看。二女将到雄州后，战败韩延寿。韩请其师青蛙老祖使用妖法。口吐浊气，吹化王怀女之战马。王怀女乃求救于其师骊山老母，骊山老母亦败北；又请来南极寿星，南极寿星知青蛙老祖来历，遣来六丁六甲神，捉住青蛙老祖。王怀女、穆桂英终破雄州，救出杨宗保等三将。一同回朝。"②看来，骊山圣母这位仙人横跨中国千年历史，在小说中以参战形象频繁出现。

1.2 显灵、显能的神人

骊山神女，《太平御览》卷七一引《辛氏三秦记》："骊山西有

---

① 王季思：《全元戏曲》（四），北京：人民文学出版社1990年版，第86页。
② 《中国剧目辞典》扩编委员会编：《中国戏曲志·陕西卷》，石家庄：河北教育出版社1997年版，第154页。

温泉。俗云，始皇与神女戏，不以礼，女唾之，则生疮。始皇怖谢，神女为出温泉，后人因洗浴。"又《古小说钩沈》辑《幽明录》云："汉武帝在甘泉宫，有玉女降，常与帝围棋相娱。女风姿端正，帝密悦，乃欲逼之。女因唾帝面而去，遂病疮经年。故《汉书》云：'避暑甘泉宫，正其时也。'"盖同一传说之分化。按同书卷三八七引《幽明录》记汉武帝与玉女"围棋相娱"，以欲"通之"，亦有唾面病疮之事，知亦同一传说之分化，因移用其部分情节。①当地人认为老母即女娲娘娘，骊山还有老母炼石补天、抟黄土造人的遗迹可考。因为有了女娲在骊山的传说故事，才有了后来以骊山老母为标志的女神崇拜，它们之间是因和果、源与流的关系。

看来，唐朝前骊山女神就出现在古籍中了。她姿色漂亮，使帝王见之生色心。武帝的故事可能效仿秦始皇在骊山遇仙女的史料而编成。类似这样的故事只是想突出骊山确实曾有女仙降临和惩治帝王的历史逸事。骊山仙女施法让骊山有了温泉水，供人民沐浴，能医治多种皮肤顽症，故曰神汤。温泉的药用效果是有科学依据的，常年恒温 43℃，冬夏不变，含有多种化学成分，适宜人们沐浴疗养。骊山温泉是骊山老母之圣德所造，辛氏《三秦纪》云：

骊山汤泉，旧说以三牲祭乃得入，可以去疾消病。

骊山的温汤，被帝王所喜好。始皇、武帝等皇帝都有过泡汤的故事，唐朝国君更喜好在此汤中沐浴。帝王在骊山脚下修建宫殿享

---

① 袁珂：《中国神话传说——从盘古到秦始皇》（下册），北京：人民文学出版社 1998 年版，第 132 页。

受温汤是有史料可证的。在唐《括地志》中这样描述甘泉宫："宫周十九里，宫殿楼观略与建章相比，百官皆有邸舍。"[1]秦始皇曾建甘泉宫前殿通于骊山，汉代进一步扩建。甘泉宫也称为云阳宫，位于淳化甘泉山，其故基原是黄帝的明庭甘泉之地。汉武帝时扩建，周围十九里，离长安三百里，可以遥望长安城。所以，甘泉宫就在骊山附近，女神虽然没有身份，但她是在骊山周围活动过的女神，姑且称之为骊山女神。

秦始皇、汉武帝都曾在骊山游玩遇到女仙。这时的女仙超凡脱俗，达到了劝善劝仙的宗教目的。骊山女神的降临场面是身为一国之君的秦始皇和汉武帝无法比拟的，成功地烘托了仙人的魅力和仙界所代表的超越性与永恒性。始皇和汉武帝是天子，他们认为自己是天的儿子。所以最早的传说故事都是他们先于凡夫俗子与神仙有过交往。又因为是男性，受阴阳相生的"道"思想影响，帝王觊觎女仙、渴望与女仙有男女交欢的欲望油然而生。再后来，随着女仙数目的增多，一个帝王已经满足不了众女仙的比例关系，人仙之恋的故事情节在小说中就发展壮大、比例增加。

后来的凡人因上行下效的文学模仿模式，也有过很多的偶遇仙女的经历。只不过后来的女仙早已经没有始皇和汉武帝遇到的女仙那种高不可攀的气势，她们年轻漂亮，衣着与世间女子无异；她们的出现场面也并不宏大。女仙的态度也平和自然，没有了拒人于千里之外的不可接近感。秦醇的作品《张俞游骊山作记》是作者假托张俞写的游骊山记。故事讲述了唐明皇的遗事，以及骊宫里诸如安禄山对杨贵妃非礼行为的秘闻等逸事。张俞在这里还梦见蓬莱第一

---

[1] 李泰著，贺次君辑校：《括地志》，北京：中华书局1980年版，第9页。

宫太真妃派人找他去温泉同浴,因他不能忍受沸热的温泉水,只能别具汤沐,与仙子相去数步,不得共浴;夜里又与仙子对榻而寝,不得共榻。仙子说:"吾有爱子心,子有私吾意,宿契未合,终不可得。"仙子别后,张俞又题诗驿壁,记叙其事。张俞遇仙,好似《佛祖统纪》中的记载:"李筌后入名山访道。召方士张果入见,与董计三邑(附子酒也)。醺然如醉曰,非嘉酒也。后入恒山。司马承祯上遣使迎至京,授法箓。"①看来张俞的醉酒与李筌在《佛祖统纪》中醉酒遇女仙的故事很近似。

《张俞游骊山作记》中记载:

> 一童曰:"吾乃海仙之侍者,被命招子,他皆不知。"俞曰:"仙何人也?"童曰:"蓬莱第一宫太真妃也。"俞曰:"召仆安用?"童子曰:"子骊山曾作诗否?"俞方忆其所作二绝。又行百里,道左有大第,朱扉岿立,金兽衔环,万户生烟,亲兵守御。入门则台殿相向,金碧射人。帘挂琼钩,砌磨明玉,金门瑶池,彩楣琐窗,幕卷轻红,簦浮寒碧。童止俞曰:"可伺于此,吾入报矣。"童复出,呼左右备驺从。童谓俞曰:"上仙召子温泉共浴。迟遇见绛旌前驱,翠幢双引,赭伞玲珑,仙车咿轧,彩仗鳞鳞,纹竿袅袅,九霞光里过,无色云中行。少顷,又至一宫,仙妃降车,俞亦下马。童引俞升殿,左右赞拜,仙赐坐。俞偷视仙,高髻堆云,凤钗横玉,体服霞衣,琼环瑶珮,

---

① 陈士强:《大藏经总目提要·文史藏1》,上海:上海古籍出版社2008年版,第49—59页。

第四章　文学中的骊山老母及其女弟子形象

鸾姿凤骨，仙格清容。俞精神眩惑，情意恐惧，虚己危坐，莫敢出言。仙笑谓俞曰："君无惧。吾召子无他意，欲少询子人间一两事耳。仙子曰："骊山所题之诗甚佳。"俞避席俛谢。仙子乃命其浴。仙乃入御浴。汤影沉沉，鷟摇龙凤。仙去衣先入浴，俞视，若莲浮碧沼，玉泛甘泉，俞思意荡漾。俞因以手拂水，沸热不可近。仙笑，命左右别具汤沐。侍者进金盆，为俞解衣入浴。仙与俞相去数步耳，一童以水沃仙，一童以水沃俞。①

《张俞游骊山作记》里，秦醇把骊山女仙描绘得清秀漂亮、年轻貌美。俞见到后精神激动，对仙女产生向往与爱慕之情。这里的凡人张俞与秦始皇、汉武帝一样，对女仙滋生出爱慕和占有心。秦始皇和汉武帝遇到的骊山女神并无与凡人接近的想法，相反，她们对想占有自己的帝王予以教训。张俞遇到的骊山女神，鼓励与她同浴，当着张俞的面脱衣入浴，拉近与张俞的距离。先秦的女仙有着至高无上的神圣地位，而唐朝各种神仙数目突然增加，神仙的世俗化倾向加大。女仙数目的增多降低了她们在人们心目中的神圣感。唐朝是个开放的国度，女性的穿着暴露，大胆追求男性的特征在女仙中也映射出来。女仙们使用世俗女性的妩媚吸引男性，以期得到男性的爱与仰慕。张俞是俗人，比起始皇和汉武帝，他没有君王的权力、没有君王那样的跋扈与嚣张，用普通男性的帅气和正能力吸引着女仙。女仙作为神，她们有帝王不能及的神力和魔力。所以女仙们不仰慕帝王的权力，反而对凡夫俗子的纯真

---

① 梅鼎祚：《明清文言小说选刊》，郑州：中州古籍出版社 1989 年版，第 137 页。

和平易感兴趣。女仙与俗人的情感和性爱的正面描绘，突破了宗教形象的种种约束，使形象充满了人性特征。这个故事让女仙世俗化、完全丧失了传统故事中的高贵和矜持，成为追求男性、追求爱情的文学叙述模式。

蓬莱第一宫太真妃是作者虚构出来的人物，不管她是哪路女仙，降到骊山，可以说是骊山女神的各种有趣来源的一种演绎。总之，是凡人在骊山上遇到神仙的故事。虽然出现在梦境，可是选取骊山女仙作为情节内容，说明骊山女神在历史上的重要。骊山因为有了仙而充满灵气，是文人墨客喜欢在作品中不惜笔墨塑造或描述的地方。有人说蓬莱第一妃为杨玉环。道教认为有三座仙山，蓬莱、方丈、瀛洲。杨玉环曾为道士，道号太真，所以太真妃子指的是她。活人杨玉环在唐朝成了仙，并出现在作品中。这里是张俞的梦境，既然是梦就可以任意想象。当时的玉环漂亮风流，似仙女下凡，张俞可能将之视为女神而不可接近，在梦中通过梦境来满足自己的心理需求。在《长生殿》这部戏曲作品中就有把杨贵妃仙人化的说法，说她本是天上仙人谪贬人间。像这样原本出于宫廷传说的故事，经文学化后呈现出了道教女仙崇拜的例证。这里用杨贵妃代表了女仙，秦醇熟悉贵妃，又在临潼梦见女仙，可以说贵妃仙化是骊山老母的一个现实升级版本而已。

清朝吕熊《女仙外史》第三十一回"骊山老姥征十八仙诗，刹魔公主讲三千鬼话"中也有老母的片段描述记载：

> 月君等迎接众仙子入前阁。云英周回一看，笑道："都是水府的好东西！"又从复道进至中层正阁，一一分宾主稽首行礼毕。内中唯骊山姥、天台女系是初会，各致倾慕

之诚。其余仙子,是在上界常到广寒宫的,皆算故交,彼此各叙一番契阔。

曼师道:"且请坐了再叙,何如?"于是群真互逊,骊山姥坐了东首第一位,次元君;西首第一位素女,次瑶姬;余皆以升仙先后为次序。月君坐主席,曼师南向,鲍师北向坐定。

众仙子各命侍女献上礼物,为月君称贺。骊山姥献的是个针儿。曼师道:"这是仙姥补道衣的了。"老姥云:"就是神杵磨成的,曼师休轻看了!"便念出几句偈云:"飞腾万里,无影无形。贯人心孔,顷刻亡魂。三军六师,此针可平。"

那天授月君邀请前来的女神颇多,有樊夫人、西池仙女、瑶姬帝女也、谷云巫峰神女等多位仙女。骊山姥(即骊山老母)就座于东首第一位,显然是一位颇有身份的女神。众仙对月君称贺的礼物各有特色,可谓是众仙献宝、显宝的集会。骊山老母的宝是根针,是神杵磨成。老母用它补道衣,用它做贴身武器。此针确实有神力,可以让人瞬间销魂,并平定部队。

骊山老母不仅献了宝针,还很喜欢在众多神仙中歌唱、跳舞以及吟乐。她激动得诗兴大发,便提议众仙饮酒作诗。老母出风头说自己坐首席,出诗文令,还要求诗文与生平私事有关。曼尼与龙女因自己是释门而不在其内,便做了个现场监察诗酒的御史。骊山姥先举手云:"吟诗不论次序,先成者先乐。"众仙心里觉得老母是想出风头,还竟然不知廉耻地让她们做什么私情之诗!老母因月君的起头而授笔写下了诗句:"曾上瑶台一熏天,银河洗尽月光圆。无端谪下莺花界，猜是风流第几仙？"①在座的曼师、金精女、魏元君、董双成随即赋诗。骊山姥紧接着对董双成的诗进行评价说："双妹之诗，有情无情，无情有情，是情非情，非情是情，何其妙也！"然后她又继续吟曰："针磨铁杵骊山顶，只有长庚曾见影。聃老不娶我不嫁，阴阳匹立谁能省？"②这一诗句透露了骊山老母有自己钟意的男仙，道出了自己修行的孤单。看来，老母在骊山磨绣花针的故事并非无因无果，不然小说中怎么有磨铁杵于骊山的情节呢？

《女仙外史》第七十二回"妖道邪僧五技穷，仙姥神尼七宝胜"中就写到了曼尼战场用老母神针作战威力之大的场景。

  那青白二炁圈到尽处，合作一个半青半白鸳鸯的大丸，飞入鲍姑手内，依然分开，仍是两个丸子。妖寇见了，个个伸了舌头，缩不进去。石龙大怒道："这不过是剑丸，金能克木，所以被他破了。我放火龙出去，连这个浪道婆，总烧成灰，岂不打扫得干干净净？"便将一个椰瓢托在掌中，念动真言，瓢内一条赤龙，攫拿而出。初不过五六寸，顷刻长有丈余，遍身烈焰腾空，张牙舞爪，向着鲍师喷出一道火光，夭矫飞来。曼尼笑道："好件堕地狱的东西。"遂取出个寸许长的小水精匣儿，内藏着一缕青线，原来就是骊山道姥的铁杵神针，陡然跃向毒龙颔下，直刺入心。

---

① 吕熊、李克等:《明清言情世情小说合集》(第二卷),《女仙外史》, 北京：中国文联出版公司1998年版, 第191页。
② 同①, 第193页。

那毒龙实时堕地，头尾拳了几拳，僵死在地，火焰尽灭。神针贯脑而出，竟飞到骊山去了。石龙吓得哑口无言。连道："待我明日一顿儿了结他。"两家就各自收兵回营。

……

然则骊姥之针，亦金物也，何以竟制火龙之性命耶？要知道龙本属木，是以龙雷之火，因龙而发。所谓相制者，制其本，则标亦消灭。若但制其标，则本在而标复炽。所谓制其标者，水克火也。然水自从龙，岂能灭火。昔人有论剑化龙者，曰："化者，相生之道。龙为木，剑为金，金能克木，宁有化其所克者耶？"特剑之神灵，有似乎龙，取以为喻。今石龙但举龙之标，不知其本也。五行生克之道，虽造物亦不能拗，而况于人也哉？夫如是，则帝师二剑，独非金欤？乃舍剑而用针，必取金之至微者。抑又何故？是未知彼之毒龙，亦系通灵，若见剑炁飞来，必致遁去。放此空门毒物，岂不贻祸于世间？所以用小小之针，从下而上以贯其心，龙不及睹也。"①

这一回神针对付石龙显示了针的魔力。神针直刺龙心，之后飞回老母所在的骊山，神针的战场威力使两家各自收兵，不敢征战。这是因为神针乃金物，龙其标虽为水，但本乃为木，金是用来克木的，龙在老母神针威逼下自然不攻自破。至于神针最后又飞回老母所在的骊山，可能是因为它乃在骊山做成，完成使命后自然要回到

---

① 吕熊、李克等：《明清言情世情小说合集》（第二卷），《女仙外史》，北京：中国文联出版公司1998年版，第195页。

自己的归属地。

1.3 教化人的圣母

据唐沈既济《枕中记》这部著名传奇记载,卢生在邯郸旅店住宿,他入睡后做了一场享尽一生荣华富贵的好梦。醒来的时候小米饭还没有熟,因有所悟。沈既济安排卢生受道士点化,在马致远杂剧《邯郸道省悟黄粱梦》中,道士换成了王婆,即骊山老母。第一折介绍了教化吕岩的动因、经过以及点化的故事。这个吕岩就是吕洞宾,他早在生死簿名册中除名并列入仙人之列,只欠最后有人点化了。戏曲第一折介绍了故事发生的大背景,为情节发展做了铺垫。开篇内容如下:

> (冲末扮东华帝君上,古云)阆苑仙人白锦袍,海山银阙宴蟠桃。三峰月下鸾声远,万里风头鹤背高。贫道东华帝君是也。掌管群仙籍录。因赴天斋回来,见下方一道青气,上彻九霄。原来河南府有一人,乃是吕岩,有神仙之分。可差正阳子点化此人,早归正道。这一去使寒暑不侵其体,日月不老其颜。神炉仙鼎,把玄霜绛雪烧成;玉户金关,使姹女婴儿配定。身登紫府,朝三清位列真君;名记丹书,免九族不为下鬼。阎王簿上除生死,仙吏班中列姓名。指开海角天涯路,引的迷人大道行。
>
> (正旦扮王婆上,云)老身黄化店人氏,王婆是也。我开着这个打火店,我烧的这汤锅热着,看有甚么人来。(外扮吕洞宾骑驴背剑上,诗云)策蹇上长安,日夕无休歇。但见槐花黄,如何不心急。小生姓吕名岩,字洞宾。本贯

河南府人氏。自幼攻习儒业,今欲上朝进取功名。来到这邯郸道黄化店,饥渴之际,不免做些茶饭吃。到的这店门首,将这蹇卫拴下。将这二百文长钱,籴些黄粱。兀那打火的婆婆,央你做饭与我吃。行人贪道路,你快些儿。(王婆云)客官你好急性也,饶一把儿火者。(洞宾云)我巴不的选场中去哩。

(正末上,云)贫道复姓钟离,名权,字云房,道号正阳子,京兆咸阳人也。自幼学得文武双全,在汉朝曾拜征西大元帅。后弃家属。隐遁终南山,遇东华真人,授以正道,发为双髻,赐号太极真人,常遗颂于世。(颂云)生我之门死我户,几个惺惺几个悟。夜来铁汉自寻思,长生不死由人做。今奉帝君法旨,教贫道下方度脱吕岩。来到这邯郸道黄化店,见紫气冲气,当必在此。我想世间人好不识贤愚也呵![1]

马致远的《黄粱梦》,既是元杂剧中影响最大的一部神仙道化剧,也是一部重要的八仙度脱剧。在这部剧里,讲了骊山老母运用梦境点化吕洞宾,让他摆脱酒色财气的贪欲,最终修成正果的故事。剧里的演员身兼几重身份,骊山老母在吕洞宾的梦境中幻化成形形色色的人,随时点化教育他。由于神仙可以变化身份与长相,演员也可以既演凡人王婆,又演仙人骊山老母。由于吕洞宾在剧中对钟离权苦口婆心的现身说法毫无兴趣,一睡不醒,尘缘未断,他不能成道。只有最终在六道轮回中走过、经过十八个春秋,受老母各种

---

[1] 霍松林主编:《马致远集》,成都:巴蜀书社1990年版,第7页。

化身的点拨后方才苏醒，这时已经物是人非，他方看透人世，终成正道。

《八仙传奇》中的骊山老母点化吕洞宾与马致远的元曲情节相符，大致都讲到了老母教化吕洞宾的过程。后人张志鹏著的《八仙传奇》第七回"骊山老母忙煮黄粱，吕洞宾送配沙门岛"中直接一语中的地告诉读者帮助吕洞宾煮黄粱的人就是骊山老母，所以直接用骊山老母煮黄粱作为其标题。实际上，《黄粱梦》中扮演骊山老母的演员也扮演着黄化店的王婆，她时不时出现在吕洞宾的梦境中点化他。所以这里王婆指的就是老母，以后就有直接用王婆指代老母一说了。

却说，这骊山老君，奉了东华仙的法旨，来开店点化吕洞宾，她自然谨慎处事。二百文的黄粱也非好煮：她捡来项羽在乌江岸上遗弃的军锅，借来火牛阵上剩下的木架，担来土地庙前收起的祭水，借来诸葛亮的羽毛扇。正扇起了炉火煮黄粱。不料，被疯子弄脏了，她只好另去换水洗米重煮。

看来，老母的黄粱饭不同一般，其做饭工具和煮米的水都不寻常。她用的是诸葛亮用过的羽毛扇、项羽遗弃的军锅、火牛阵上剩下的木架和土地庙祭祀的水。由此可以看出，神仙做饭，自然也与凡人有所不同。老母看到吕洞宾急匆匆求取功名，便劝诫道："客官你好急性也，饶一把火者。"老母还在第四折中变成了一个道姑，硬是不让吕洞宾父子三人进门，不给他们吃的。吕洞宾不得不忍住气，不去争。当吕洞宾醒来看饭是否熟了，老母又重复"客官你好急性也，饶一把火者"。其实，老母是想用这句话表示万物无常的道教真理，暗示吕洞宾只有成仙才能不死，才能永恒、才能得道。在世界变化中寻求"道"、找寻世界不变的本源。人们的"有为"是为了最终达到"无为"的境界。吕洞宾的催促实际是芸芸众生对事态无常追逐心的表现，"还饶一把火"是人们对世界本源难以把握和追求状态的无奈。

《七曜平妖传》第二回"胡永儿大雪买炊饼，圣姑姑传授玄女法"中，讲述了骊山女仙传授弟子法宝的故事。在骊山附近的一位女仙因为看胡永儿善良，决定赐给他一个叫"如意册儿"的法宝。这个宝贝简直就是万能工具，它可以呼风唤雨，想要什么就能得到什么。《三遂平妖传》直接说周如玉乃胡永儿托生，梦中由骊山老母教她法术，立志要破裹月娥。故事写到，当夜胡员外与张院君等人正在后花园中八角亭子上饮酒赏中秋之月时，突然有人报外边失火。

> 初如萤火，次若灯光。然后似千条蜡烛焰难当，万个生盆敌不住。骊山顶上，料应褒姒逞英雄；夏口三江，不弱周郎施妙计。烟烟焰焰卷昏天地，闪烁红霞接火云。一似丙丁扫尽千千里，烈火能烧万万家。

一把火烧尽了员外所有的家产，大财主就这样因天火烧得落难，荡尽了家私。一天下雪，妈妈打发员外出去赚些钱财，应对一家几天吃的口粮。还给了永儿几文铜钱，让他去买几个炊饼来做。永儿答应了，沿着屋檐正走之间，只见一个婆婆从屋檐下来，挂着一条竹棒，胳膊上挂着一个篮儿。

作品中是这样描写这位婆婆的。"那婆婆腰驼背曲,眉分两道雪,鬓挽一窝丝。眼如秋水微浑,发似楚山云淡。形如三月尽头花,命似九秋霜后菊。却原来是个教化婆子,看着永儿道个万福,永儿还了礼。"①

这位教化的神婆婆在小说中叫圣姑姑,但她很有可能就是骊山老母。老婆婆弯腰驼背,很像李筌接受《阴符经》画像中的老母形象。整个故事的发生地点离骊山不远,人们看得到骊山顶上的"烟烟焰焰卷昏天地,闪烁红霞接火云"。而且,这位老太太不是一般俗人,而是神仙。永儿见老婆婆可怜,便解开自己荷叶包将一个炊饼递予婆婆。骊山老母心眼好,便道:"我试探你这个人,难得你这片好慈悲孝顺的心。"紧接着又说:"我儿,恁地却有缘法!"她便伸手去那篮儿内取出一个紫罗袋儿来,看着永儿道:"你收了这个袋儿。"永儿接了袋儿道:"婆婆!这是甚么物事?"婆婆道:"这个唤做'如意册儿',有用他处。若有急难时,可开来看。你可牢收了。册儿上倘有不识的字,你可暗暗地唤'圣姑姑',其字自然便识。切勿令他人知道。"永儿把册儿揣在怀里,谢了婆婆,婆婆自去了。

永儿回去后,从怀中取出紫罗袋儿来,打开抖出一个册儿,只因胡永儿看了这个册儿,会了这般法术。正是:数斛米粮随手至,百万资财指日来。

传说中还有李白遇到了骊山老母,她启发李白奋斗、进取。年轻的李白,秉性暴躁,一日出门玩耍,碰到一位老太太拿着几根粗大的铁杵在石头上磨,便好奇地上去问,为什么这样做,用意何

---

① 罗贯中、冯梦龙:《三遂平妖传》,北京:中华书局2004年版,第7页。

在？老太太回答说："我要把它磨成绣花针。"李白不理解，老太太看出了他的困惑便解释道：只要心诚志坚，铁杵也能磨成绣花针的！话音刚落，老人家顿时不知踪影。李白回来后不断回味老太太的话，觉得十分深奥，于是他精神抖擞、顿生大志，从此决定苦心学习。后来，终于成为名垂千古的诗仙。宋郑所南在《骊山老母磨铁杵欲作绣针图》诗中也暗喻了"只要功夫深，铁棒也能磨成针"的哲理。

好多版本说李白遇到的只是一个神仙老太太，并没说这位神仙的身份。可是骊山老母成为李白所遇到的女神也不是毫无根据的。李白祖籍为陇西成纪（今甘肃省天水市附近的秦安县），后来5岁随家人迁居四川绵州。至于他几岁遇到这位神仙奶奶不很清楚，但是不论甘肃还是四川，都是陕西的近邻，选择就近的神仙前来点化也顺理成章。依中国传统理念，李白天生是个贵人，自然命中有神仙相帮和指点迷津。而且《女仙外传》中多次提到老母的宝物——铁针，它在老母斗法中起了很大作用，因此骊山老母用她的贴身法器铁针变铁杵来告诉李白贵在坚持的道理也是在情理中的。

另外，在甘肃省寿鹿山的国家森林公园里，就有骊山老母殿。其造型起脊翘角，占地两间。内塑一山崖畔坐着白发苍苍慈祥面善的老太太，双手拿一大铁棒在石上磨，身旁站一头扎双髻、身穿黄袍、背插宝剑、赤脚、躬身的童子，似在询问什么。山崖上映出"铁杵磨成针、功到自然成"字样，俨然为骊山老母点化李白的造像。整组雕塑和谐自然。

罗烨的《醉翁谈录》记载了107种宋代小说话本的名目，"妖术"类中就有《骊山老母》。由于我们对于其具体内容已经不太清楚，但从其分类来看，骊山老母归入"妖术"类，至少说明老母在小说中施展法术、以魔法取胜的形象。元代杨景贤的《西游记》杂剧中，就有两处提到骊山老母：一处出现在第九出，是孙行者自述："一自开天辟地，两仪便有吾身。曾教三界费精神，四方神道怕，五岳鬼兵嗔，六合乾坤混扰，七冥北斗难分，八方世界有谁尊，九天难捕我，十万总魔君。小圣弟兄姊妹五人。大姊骊山老母，二妹巫枝祈圣母。大兄齐天大圣，小圣通天大圣，三弟耍耍三郎。"①另一处为第十九出，铁扇公主自称："我和骊山老母是姊妹两个，我通风，她通火。"②铁扇公主和孙行者素不相识，却都声称骊山老母为自己的姐妹，可见孙行者和铁扇公主两人中至少有一人说了谎，或者两人说的都是谎话。他们不约而同地与骊山老母攀亲，可见骊山老母的影响力。

唐朝以后，骊山老母已经在民众心中熟悉化，小说中将她描述成为受众欣然接受的人物。在小说《西游记》第二十三回中，黎山老母与南海观音、普贤菩萨、文殊菩萨一同考验唐僧师徒西行取经的决心，结果取经意志不坚定的猪八戒被吊到了树上。经过这次教训，八戒才坚定了取经之心，约束了他的心性。老母在这里与佛教的菩萨并列相提，使原本起源于传说无宗教派别的女神升格。而且是老母邀请观音、文殊、普贤三仙幻化为母女四人，以招女婿的方式探其禅心，教训八戒，来坚定八戒取经之心的。老母最后又送给师徒四人八句颂：骊山老母不思凡，南海菩萨请下山。普贤文殊皆是客，化成美女在林间。圣僧有德不无俗，八戒无禅更有凡。从此

---

① 杨景贤：《西游记》，《中华戏曲》（第3辑），太原：山西人民出版社，第82页。
② 同①，第187页。

静心须改过,若生怠慢路途难!黎山老母,这里显然已经成为一位正面人物,与杂剧《西游记》中的女魔头形象有了很大的差别。《西游记》将观音菩萨、黎山老母、文殊和普贤升成了四圣,这"四圣"中的每个神仙在历史上有诸多的传说。有关黎山老母的传说在南宋的杭州也曾流传过,甚至瓦子里的艺人还将民间传说改编成小说《骊山老母》。①

  《西游记》中孙悟空称黎山老母为他的姐姐也是有据可查的。《骊山风物传说》中这样陈述:相传老母补天时由于天地混沌黑暗,老母为了照亮人间突然想起了天上的宝贝——九莲宝灯。据说它是个光焰无穷、昼夜不灭的天界宝贝。它的光芒让世间一切妖魔鬼怪都生惧。于是乎,老母便想从西王母那里借来让大地重现光明。这"九莲宝灯乃天宫珍贵之物,怎能轻易带下凡界?"西王母最终不肯借给老母。正当老母闷闷不乐准备放弃的时候,齐天大圣正巧从她面前走过,见她低头不快的样子,便问道:"老母有何愁容,莫不是有什么不称心的事情?"老母便把事情的经过详细说了一遍。悟空听后勃然大怒,一下子蹦得八丈高,并说:"待老孙为你取来。"齐天大圣一个筋斗翻上了西天。别看他平日做事鲁莽,可是粗中有细。悟空心想我若明借,西王母必然不给,不如略施小计,暗暗拿来就是。于是他把身子一摇,变成西王母身旁一仙女,径直进宫拿了九莲灯就走。不巧悟空的偷窃被坐在宫前的西王母看见了,喝道:"拿九莲灯做什么去?"孙大圣见问,便上前理直气壮地说:"王母,咱们的九莲灯放在那里也是个闲物,人家老母来借,你又不给,我看此事有些不公道,现在,我给她送去。"王母一听大怒,斥责道:

---

① 史及伟主编:《杭州研究》,北京:中央文献出版社 2006 年版,第 471 页。

"好一大胆狂奴，竟敢如此无理！"举起降神拐杖就打了下来。孙大圣见势，急忙现出了原形。西王母见是孙猴子，又好气又好笑，说："你这个猴头，怎么也来凑热闹？"孙大圣做了个鬼脸说："王母，九莲灯借我一用，用后即还。"说着，拿上九莲灯就向外走去。王母也无可奈何，口中只喃喃骂道："这个猴头，尽是爱觅闲事！"可见孙悟空对黎山老母是有恩情的，他们俩攀亲自然可以理解。

正因为孙悟空曾帮过老母，而且两人以姐弟相称，黎山老母在孙悟空有难时前来帮忙也是人之常情。《西游记》第七十三回老母下凡给孙悟空推荐毗蓝婆收拾叫多眼怪的蜈蚣精，这个蜈蚣精长了一千只眼睛，只只眼睛金光四射，使人向前不能靠近，往后不得后退，就像罩在无形的光网之中。它住在黄花观，祸害百姓。多眼怪整得神通广大的孙悟空也没有办法。多亏黎山老母指点，孙悟空才得以找到助手。毗蓝婆菩萨用儿子昴日星官炼成的宝贝，抛向天空，就破了妖魔的妖术。《西游记》中提到当时黎山老母刚从龙华会上回来，而这个龙华会就是东来佛祖弥勒佛举办的。就这样，道教的黎山老母和佛祖在《西游记》中有了联系，体现了佛道在中国本一家的关联。还有《西游记》第十六回"观音院僧谋宝贝，黑风山怪窃袈裟"中吴承恩把方丈的满脸皱痕比作骊山老母的衰老面相，"身上穿一领锦绒褊衫，翡翠毛的金边晃亮。一对僧鞋攒八宝，一根拄杖嵌云星。满面皱痕，好似骊山老母；一双昏眼，却如东海龙君。口不关风因齿落，腰驼背屈为筋挛。"①看来，骊山老母形象在《西游记》中多次出现，她显然是上了年纪的长者，有着神奇的通天本领。她仁慈，在神界有举足轻重的一席之地。（其实，黎山老母亦

---

① 吴承恩：《西游记》，长沙：岳麓书社2006年版，第206页。

作骊山老母)

1.4 助徒、关心弟子姻缘的师父

骊山老母对自己的徒弟非常关心,多次在危难之时帮助自己的徒弟脱离险境。骊山老母不仅传授给徒弟们武艺,还传授法术,赠予法宝。老母的徒弟学会了"移山倒海之法,撒豆成兵之术"(《说唐三传》第二十八回),或能够"呼风唤雨,喝草为兵,五雷五遁"。①"呼风唤雨,喝草为兵"等技艺可能与老母原是一氏族部落的女领袖有关。一位女性能在战场上战绩显著、没有一些特殊本事可是万万不能的。樊梨花的诛山剑、打神鞭、混天棋盘、乾坤圈、分身术等法宝,助她战斗一臂之力,三擒三纵薛丁山。薛丁山在领兵征战西番攻打青龙寨时,陷入敌阵,樊梨花倾力相助,攻克青龙寨救出薛丁山。

《说唐三传》第二十三回中讲述骊山老母的徒弟们学成下山时,她通常要赠给弟子们一些护身的法宝。不仅如此,老母在徒弟们最危险的时候,还要下山为他们排忧解难,帮助他们建功立业。这部小说中还讲到了骊山老母、金光圣母、金花圣母和素珠圣母四位女神共同培养五阴后,让他下凡并成就平定南唐的大业。《说唐三传》征战中,道符背后五道金光飞来罩住梨花,使她眼花缭乱。当梨花生命危在旦夕,老母用霹雳打散神光跨了一匹金鳌飞了过来,说李道友休伤她的徒弟,不该请教主炼宝摆阵。②老母虽与徒弟各在一方,可心是相通的,她们之间的感应如同母子的心心相连。还有当

---

① 毛德富校注,《说唐三传》,郑州:中州古籍出版社1990年版,第278页。
② 尤红:《中国靖江宝卷》,杭州:江苏文艺出版社2007年版,第1254页。

薛家一门三百余口被绑赴刑场斩首时，樊梨花本要施展法术救出他们，但是骊山老母阻止了她，认为这样做会"违反天条"（第七十四回），结果这些无辜男女被杀死了。其实，她的所谓"违反天条"是一种借口。如果"天亦有道"，就应该让樊梨花救出薛家三百余名无辜之人。可是，老母在那种情况下以自己的徒弟樊梨花为重，不愿让自己的爱徒受到惩罚。

《反唐演义全传》第十七回有着同样的情节描述："薛丁山全家遭刑、樊梨花法场脱难"一节中讲了骊山老母救弟子樊梨花于生命危难之时的场景。当押刑者把薛丁山一家三百八十五口押进刑场时，此时狂风大作，日色无光。骊山老母突然出现在半空。老母向下看，只见绑缚的薛丁山一家人如蚂蚁，准备在法场上行刑。老母随即把手一招，那樊梨花身上的绳索便断了。"呼"的一声响，老母就把樊梨花带上了半空。樊梨花往下一看，只见薛丁山、高氏、程氏、薛猛等一家老小即将被杀，便泪如雨下。樊梨花看到三岁的假薛蛟更是难过，可她也没有央求师父相救，因为她觉得老母救自己已经很不容易，不能再要求师父为她做什么了。俗话说贵人总是有人相助的，太乙山窦青老祖突然显身出现，救了假薛蛟并说他乃江淮侯之子，仗义替换薛蛟，大命不该吃刀，并决定把他抚养成人，日后让他做一番事。

骊山老母在《反唐演义全传》中关心唐朝时局，带有很明显的政治倾向。在第九十九回"山后薛强遇旧友、汉阳李旦暗兴师"，骊山老母居住在离岛山，屈指一算得知中宗气数已终，是薛刚辅佐李旦即位的时候了。于是老母便差遣自己的徒弟樊梨花出来指点肉眼凡胎的薛刚。老母叮咛樊梨花不可留恋红尘，事办成后立即回山。梨花临行前老母交代说"然你今当下山去，指点薛刚成事，待事情办成后速速回山"。樊梨花见自己的大功告成,便决定回山修炼。即使薛刚扯住衣服,哭拜于地,梨花还是要回西南涧离岛山去的。梨花依照师父嘱咐先去鸾凤山送还九天玄女的八卦阴阳钟,然后驾云回西南涧离岛山。小说中是这样描写的:

> 且说西南涧离岛山骊山老母忽然心血来潮,老母觉而有感,是因薛刚保庐陵王中兴,已入潼关,在霸林川被骡头困住,铁石星、太阴星、太白星中了黑煞刀,将在临危,应该天魔女下山去救,就唤樊梨花出来道:"贤徒,你知我唤你的意思么?"樊梨花道:"弟子已知我子薛刚保唐室中兴,在霸林川被骡头刀伤薛葵、吴奇、马赞。师父唤弟子出来,无非差我下山去助我子,救此三人性命,弟子即刻就行。"老母道:"你今下山前去,母子重逢,破了骡头,上长安开了铁丘坟,当速速回山,不可贪恋红尘,更加罪逆。"①

《薛丁山征西》第五十九回中讲到了樊梨花同薛丁山杀入黄龙阵,老母心急救她的内容。他们见里面黄沙漠漠,冲出番将苏定国等人马。定国和黄龙公祭起火珠,使得满阵大火,梨花借火遁而逃。丁山却陷在阵中,幸得灵符护身,不致损命。樊梨花回到军中,听了军师徐梁的建议,梨花派秦汉、窦一虎两人去找法力广大的师父骊山老母。老母看到这两人便说道:"你来意我尽知,薛丁山将该有五十日灾难。你二人可往南海落珈山观音菩萨座下,求善才去,

---

① 如莲居士:《反唐演义全传》,华夏出版社1995年版,第264页。

好破此阵。一往西方火焰山牛魔王夫人铁扇公主借芭蕉扇,好破火珠。去罢。"①老母关心、爱护樊梨花,帮她征战出谋划策。不仅如此,老母还关心樊梨花的婚姻,交代梨花和丁山早成姻缘。老母告知梨花说,薛丁山是金童星下界,她是玉女星临凡,此乃天意让他们成为一对。

可见,小说中的樊梨花能耐超群、才高八斗。她可以呼风唤雨,移山倒海。樊梨花的师父骊山老母对自己的徒弟赞美欣赏,鼎力支持。樊梨花逢战必出,英勇无敌、武艺出众、不让须眉,有着近乎神妖的超凡法术与武艺。樊梨花丰富的情感世界也跃然纸上,动人心弦地呈现给了读者。骊山老母帮弟子樊梨花的故事在民间歌谣中也有反映,歌词是这样唱的:四月里来四月八,骊山老母把山下,下山不为别的事,单为弟子樊梨花。

《下淮河》的故事虽属杨家将演义,但骊山老母也进入了情节。老母收魏金华为徒,传授给武艺,并送给三件宝。与妖婆交战中,仍不能取胜。骊山老母又请来寿星、孙大圣这才降伏了老妖媚,番王写了降表,宋兵最终大获全胜,奏凯班师。整篇文章充满妖术、战场上制胜也与妖术的大小有很大的关系。《下淮河》第十四场"托梦"一开始就写骊山老母驾云上,她以西皮摇板唱道:吾在云头用目观定,魏金华姑嫂是有缘人。(落云介)俺乃骊山老母是也。魏金华姑嫂有难,吾当下凡搭救。以在此处,化变一庵,呀呀呸!庵观速现,(现茅庵介)远远观看她姑嫂来也!(魏金华、杨金莲同上)骊山老母知道魏金华武艺不佳,决定梦中给她授法。她将魏金华阳魂按下,阴魂提起,教给她兵法武艺。骊山老母继续说道:"各

---

① 无名氏:《薛家将——薛丁山征西》,珠海:珠海出版社1996年版,第246页。

复本位。魏金华,休在睡中,休在梦中,吾亦非别人,吾乃骊山老母,指点你的前程。赐你三件贵宝:斩龙剑,打虎丹,三昧神火;另赐足下庆云一朵,前去大战番贼。如有不测之处,云落何地,为师就在那里。这正是:明白指点你,功莫当戏言。吾归蓬莱去也。"这倒好,老母在梦里还能给人教授武艺,大大提高了她传授的速度和效率。

  骊山老母在《五虎平西》中不仅帮助王禅老祖的徒弟,还成全了八宝公主和狄青的姻缘。据说,鄯善国王与同缘番后娘娘养了两个儿子和一个女儿。大儿子五岁,出天花死了。二儿子到了三岁,宫娥彩女带着到御花园里散心,突然一阵狂风吹来,将二儿子吹得不知去向,也不晓得是死还是活。就这样,夫妇俩就剩下一个宝贝公主。鄯善国王为她取名叫双阳。公主长得体面、漂亮,人们叫她赛花。这个赛花又叫八宝,因为老母曾收赛花为徒弟,又给了她八样宝贝,人们又称之八宝公主。骊山老母不仅帮助了狄青拿妖,还从刽子手中搭救了即将被行刑的他。当刽子手把刀举到头顶要杀狄青的时候,骊山老母突然在半空中出现,并一声高喊:"刀下留人。"刽子手听后突然一惊,吓得将刀掉到地上。刽子手不满老母惊吓,责怪老母的言行,并且想知道这位圣母是谁。老母借势说:"刽子手,你不要害怕,你要问我,我是骊山圣母,乃是八宝公主的师父。这六个中原人,你暂且不要杀,你们赶紧到银銮殿报于你家君主千岁,就说我骊山老母已到。"①官兵到银銮殿上报告后,鄯善国王得知德高望重的骊山老母来了,便亲自驾到问清缘由。老母告知国王

---

① 尤红:《中国靖江宝卷》(下册),杭州:江苏文艺出版社2007年版,第1400页。

不要杀害八宝未来的丈夫狄青。国王自然应许。一则老母有恩于他，使国王保住了唯一的孩子；二来老母为八宝的师父，从情理上他也应该尊重自己女儿师父的建议。

老母仗义、乐意助人，不仅把自己心爱的宝贝给了徒儿，还慷慨答应了帮狄青交战的要求。老母帮助狄青是缘于王禅老祖的面子，也是因为狄青是自己徒儿八宝未来的夫婿。老母的徒弟大多是未婚少女，她特别关心徒弟们的婚姻大事，不时地指点她们。骊山老母的另外一个徒弟刘金锭想嫁给高君保，出于种种原因高君保不同意。老母为此亲自下山来劝高君保，并求助于月老仙翁，让两人终成眷属。看来，自身没有姻缘的老母却很关心手下弟子的婚姻状况，她像世间为子女操劳婚姻的父母一样，希望弟子找到好的伴侣、不要错过姻缘。

《五虎平西》里当王禅老祖为自己徒弟有难着急时，老母便道："老祖啊，你不要发火哇，你不晓得，你家徒弟不死哇，我也早已算到了，你家徒弟狄青与我家徒弟八宝，五百年之前就伴吃仙桃子，结下了姻缘海能深，他们是一对好夫妻，你说怎会得挨杀啦得嘎？""我马上去救他们性命咧。"老祖说道："好的，圣母啊，假使我家徒弟有个三长两短，可不要怪我不客气。"老母回答道："老祖，你放宽心，回转仙山去吧。"①老母说后便到沙场解救狄青，告知千岁狄青等六人千万不能杀。因为八宝与狄青有万里姻缘。若狄青丧命，八宝终身又靠何人？老母亲自嘱咐徒弟八宝，切勿让父王杀了狄青，又交代八宝与狄青赶紧拜堂成亲，结百年之好。

---

① 尤红：《中国靖江宝卷》（下册），杭州：江苏文艺出版社2007年版，第1399页。

秦腔剧本《红绒套》（又名《双套索》）中写到刘龙造反，宋仁宗命令李志英和他的妻子征战。夫妻俩在双凤山使刘龙兵败。刘龙妹妹刘绒花受骊山老母之命前来搭救哥哥，她用青绒套索擒走余彦彪及李志英二子大富、大贵。与此同时，骊山老母还派了她的徒弟余金花前来帮忙，余金花用红绒套应战。双方作战激烈，在相持不下的情况下，骊山老母收了李志英和余金花的法宝，让弟妹相认。

骊山老母在众多小说中出现，有些描述不惜笔墨，有些风轻云淡地一笔代过。老母的故事在民间广泛流传，在民俗间显灵的空间超出临潼地域，老母灵验的时空范围很广，即使在当今还继续存在，这足以证明对她的崇拜和信仰是根深蒂固的。在神魔小说、武侠小说中，老母或扮演重要角色，或若隐若现地以边缘化人物出现在文学作品中。

曹雪芹在《红楼梦》中提到历尽感情磨难的贾宝玉，虽最终回归仙界，却是老母补天"无材石"的转化。相传老母补天用的一块石头都转化成了富家子弟宝玉。宝玉出生时嘴里含的玉石告诉了他奇特的身世，让他与凡人不同。《孽海花》第十八回中有这样的描述："如今我国的小说戏曲太不讲究了，佳人才子，千篇一律，固然毫无道理；否则开口便是骊山老母、齐天大圣，闭口又是白玉堂、黄天霸，一派妖乱迷信的话。"[1]就这样，骊山老母成了小说中开口必谈的仙了，她已经被人们世俗普遍化了。《红楼梦》第七十八回《芙蓉女儿诔》里有关晴雯形象，贾宝玉在诔文中这样说道："若夫鸿蒙而居，寂静以处，虽临于兹，余亦莫睹。搴烟萝而为步障，列枪蒲而森行伍。警柳眼之贪眠，释莲心之味苦。素女约于桂岩，宓

---

[1] 曾朴著，王培元校点：《孽海花》，济南：齐鲁书社1995年版，第164页。

妃迎于兰渚。弄玉吹笙，寒簧击敔。征嵩岳之妃，启骊山之姥。龟呈洛浦之灵，兽作咸池之舞。潜赤水兮龙吟，集珠林兮凤翥。"①这里把晴雯之死看成是她的解脱，透露了宝玉对现实的不满和对封建社会的反抗。这里的混沌之中、寂静之境显然是仙境，素女、宓妃、弄玉等仙女与晴雯为伴，晴雯的死还引起了骊山老母的关注。

1.5 骊山老母形象总结

骊山老母本是人类的幻想塑造出来的，与她相关的故事也是艺术想象的产物，是艺术创作的需要。小说中骊山老母的相貌是现实中人类塑造的结果，她平易近人，是可亲可敬的现实老太太形象。老母的文学艺术在人物、情节、构思、语汇等方面虽受史料及传说的影响，却又超越现实描写的形象而进一步发挥和创造。千百年来，骊山老母形象在传统的儒家道家典籍里以及文学作品中不断出现，展现了老母形象的流传及其时代的映射。小说家罗懋登、吴承恩笔下生龙活虎的骊山老母或黎山老母，取代了儒家史书、道家仙传中原有的骊山老母形象。老母的艺术形象在小说中呈多样性，作者的意志完全掌控了老母形象的塑造，刻画了占了上风、出尽风头的老母征战形象。小说中的老母被认为是儒释道三教之祖，命令众神，有着敏锐的洞察力和绝顶的智慧，并对世间万物有着明察秋毫的洞察力。

老母作为女神之一，在历史上演绎着多彩的神奇故事，为许多文学作品和戏曲艺术提供了原材料和模版。作品中的老母有爱有恨，

---

① 曹雪芹、高鄂著：《红楼梦》，济南：齐鲁书社2007年版，第458页。

既有慈悲又有罪恶，优雅和嫉妒并存，是讲义气的善战女神。老母在《说唐三传》（薛丁山征西）和《反唐演义全传》（薛刚反唐）这两部小说中，她和女弟子樊梨花的人物形象十分丰满，远远超越现实中的人物，在作品中有着无尽的魅力与风采。骊山老母在《三宝太监西洋记》《邯郸道省悟黄粱梦》《八仙传奇》《西游记》《说唐三传》《反唐演义全传》《五虎平西》等多部小说中频繁出现，与世俗文学结合，扩大了女仙信仰的世俗化进程。

骊山老母广收门徒、助徒脱离险境，在小说中往往以正面形象出现，不过也有评论认为她是施展妖术的仙魔。其实到了元代后期，许多文本已距离史实甚远，以至于骊山老母这样的神仙被列入"妖术之事端"。《狄青传》中八宝公主行军对敌所用的僧道为女流之术，被认为是妖术。狄青嘱咐手下说："八宝不是妖术伤人，就是练成暗施刀箭，须要小心提防她和手下侍从。"[①]老母在戏曲中也是人们喜爱的仙人角色，在陕西汉调二簧《下淮河》里就有骊山老母类似于妖术的形象描述。关于老母的负面形象是社会生活的折射，是男权统治下女性受压抑的写照。这与其他神话里女神的负面形象相似，如嫉妒的赫拉、脾气不好的泰芙努特、粗心懒惰的巴纳姆赫赫、私生活混乱的北欧女神维纳斯、贪婪的芙莉嘉，等等。当然，骊山老母在小说中参与人事纠纷如同希腊女神参与特洛伊战争一样，都是为利益所驱。

---

① 李雨堂：《狄家将》（上册），北京：中国文史出版社2003年版，第139页。

第三节　骊山老母的女弟子

骊山老母这位仙人横跨多个朝代，教出许多法术高强的女将。她的弟子有齐宣王的老婆钟离春（战国时代）、薛丁山的老婆樊梨花（唐代）、高君保的老婆刘金定（宋代）、杨宗保的老婆穆桂英（宋代）等。此外，老母的徒弟有神女三霄以及火母，她们并非凡人，与老母的俗弟子不同。老母的徒弟也有像白素贞一样的精灵，她上天入地，无所不通，有着通天彻地的本事。清代居然有刻本小说讲祝英台殉情之后，被骊山老母救了起来，还教了她一身法术。

骊山老母和她的女徒弟们在明以后的小说中占有重要的地位，成为通俗文学中"女英雄"崇拜的典型。对于普通贫苦的农民和游民来说，通俗文艺作品是他们唯一的精神食粮。之后的义和团运动有了女兵团，如"红灯照"之类，所以战场征战的女战士自然地就被人们所歌颂与崇拜，她们崇高的形象被人们所"神话"。老母的女徒弟很多，她们虽然身份不同，但总体上有个性魅力，在小说中被人们敬仰。

1.1　三霄、火母、白素贞等非"俗"弟子

《封神演义》第五十一回，讲三霄姐妹与赵公明友谊深厚，为了赵公明与敌人奋勇作战的故事。赵公明助商拒周，被周将射死。云霄三姐妹齐来为他报仇，开始她们用混元金斗和金蛟剪屡战屡胜，三霄就这样在战场上所向披靡，姜子牙没辙，最终请元始天尊和老

子来助威作战。后来临阵,把她们的法宝收去,姐儿三个统统战死,三道灵魂直往封神台去矣。

且说琼霄见老子进阵来观望,便放起金蛟剪去。那剪在空中挺折如梭,头交头,尾交尾,落将下来。老子在牛背上看见金蛟剪落下来,把袖口往上一迎,那剪子如芥子落入大海之中,毫无动静。碧霄又把混元金斗拿起;老子把风火蒲团往空中一丢,唤黄巾力士:"将此斗带上玉虚宫去!"三位娘娘大呼曰:"罢了!收吾之宝,岂肯干休!"三位齐下台来,仗剑飞来直取。难道天尊与他动手,老子将乾坤图抖开,命黄巾力士将云霄裹去,压在麒麟崖下!力士得旨,将图裹去。琼霄仗剑而来。元始命白鹤童子把三宝玉如意祭在空中,正中琼霄顶上,打开天灵。一道灵魂往封神台去了。碧霄大呼曰:"道德千年,一旦被你等所伤,诚为枉修功行!"碧霄企图用一口飞剑来取元始天尊,却被白鹤童子一如意,把飞剑打落尘埃。元始袖中取一盒,揭开盖,丢起空中,把碧霄连人带鸟装在盒内,不一会儿便化为血水。一道灵魂也往封神台去了。①

就这样,三霄在《封神演义》中都丧了命。又有一说,三位女仙战败后,回她们所在的碣石山碧霞宫继续修行,拜老母为师父。这三位女仙由于与后来封为"财神"的赵公明结为兄妹,所以她们在碣石山下修了一座财神庙,用来表达对兄长的情谊。当今的骊山上,离三霄殿不远的地方也有财神庙。看来,女仙的存在不是孤立的,是永远与男仙相依而存的。碧霄作为法力高强的女神仙,既有女性的优雅美,也有接地气的仙气。她的名字也常出现在诗里作为情感的寄托,如林杰的《乞巧》里写到:七夕今宵看碧霄,牵牛织

---

① 许仲琳编:《封神演义》,上海:上海古籍出版社1997年版,第485页。

女渡河桥。家家乞巧望秋月,穿尽红丝几万条。女仙名字寄托情诗,觊觎爱情。她们是一种感性动物。她们很重视感情,容易被凡间的世俗爱情所影响,因为很多女神仙成长的环境没有什么感情可言,有的只是冰冷的天庭戒条和规则。

三霄虽在《封神榜》里是具有负面作用的女仙,可是在其他资料里却有着女性善良与关心他人的阴柔之美。女作家李桂玉的弹词作品《榴花梦》中写到老母的徒弟碧霄和她一样关心世人的姻缘。《榴花梦》中的桂碧芳为嫦娥仙子转世,偶然一次机会,她在花园中捡到了一本仙书。仙书内容为习武之法,桂碧芳就按照书中习武之法习得了一身本领高强的法术。她的父亲最后任职到京城,于是一家人赴京。可是在路上遭到劫难,桂碧芳由于寡不敌众而无法与坏人打斗。她害怕失掉贞洁,便投水自尽,多亏碧霞相救才免遭一难。碧霞传授桂碧芳武艺,碧芳后来女扮男装考中状元,并被委以重任。

《封神演义》第九十九回"姜子牙归国封神",三霄娘娘被封为"感应随世仙姑",她执掌"混元金斗",专擅先后之天,凡一应仙、凡、人、圣、诸侯、天子、贵、贱、闲、愚,落地先从金斗转劫,不得越此! 并加以说明:"以上三姑,正是坑三姑娘之神。'混元金斗'即人间之净桶。凡人之生育,俱从此化生也。"①看来,三霄和坑三娘娘有直接关系。紫姑有人称之为"三姑",实际上为厕神。后有人附会为三个姑娘,紫姑又有了"坑三姑娘"的称呼。在《封神演义》中,坑三姑娘又变成了三座仙岛上的三位仙姑,即云霄、碧霄、琼霄三姐妹。

---

① 朱越利:《封神演义漫谈》,载《世界宗教研究》1982 年第 4 期。

蛇精白娘子作为骊山老母的徒弟不仅跟着骊山老母学习本领,还修得了佛性。《白娘子传奇》写到:曾在四川青城山下修炼千年的白蛇妖——白娘子曾师从骊山老母,并被起名为白素贞。白娘子矢志不渝地将老母挂在嘴边。只要一遇到什么危急情况,师父的名儿便会像珍珠似的从她的玉口中蹦出来。据说白娘子是拜在老母门下修行的。中国古代民间传说《白蛇传》中的女主人公,白蛇与许仙结为夫妻。传说南宋绍兴年间,杭州有药店之主管许宣(或名许仙)在西湖与美丽女子白娘子及其侍女青青(也称小青、青鱼、青蛇)邂逅,同舟避雨,遂结为夫妻。看来,老母不光是一个常驻天庭的女神,她还与民间的精灵有师徒关系。收容人间妖魔鬼怪显露了老母宽容、拯救一切生灵的"佛"性度量。

《白蛇传》第十八回"现迹"中讲到白娘子因喝雄黄酒变蛇形后吓死了许仙。"故歇(这时),娘娘已变蛇形,不能说话。许仙一经吓煞。娘娘醒后到仙山盗取仙草救亲夫。谁知白鹤仙童真厉害,雄黄阵内受灾磨。骊山老母慈悲念,赐草归家救丈夫"。骊山老母善良、仁慈,助弟子白素贞一臂之力得到了仙草。

《三宝太监西洋记》第四十三回"火母求骊山老母,老母求太华陈抟"中火母令王神姑请来骊山老母,书中记载:"骊山老母成为治世天尊,火母之师。"①

1.2 王后和公主的身份

中国四大丑女之一的钟离春王后相传为骊山老母的徒弟。她才华出众,心性明慧,素有大志和胸襟磊落的安邦治国之才。她四十

---

① 罗懋登:《三宝太监西洋记》,上海:上海古籍出版社1985年版,第354页。

未嫁，却学得一脑子智慧。钟离春巧谏齐宣王时表现出了观察天象、十八般武艺皆通的智才。她不仅有雄辩的口才和大智大勇的能力，出众的学识及无畏的勇气更让人折服。《元曲第六卷》中是这样描述钟离春的："女孩儿钟离春，年长二十岁，心性明慧，胸襟磊落，则是有些儿颜陋。昼诵经书，夜观天象，十八般武艺皆通，九经三史尽晓。非因学而成就，实乃天赋其能。文武兼备，韬略精深，有安江山社稷之才，齐家治国之策。"

齐王质问钟离春，说她四十多岁也没有一个乡下男人愿意娶她为夫，又怎敢跑到这里来要做王后呢？钟离春对曰："今大王之君国也，西有衡秦之患，南有强楚之仇，外有二国之难，内聚奸臣，众人不附，春秋四十，壮男不立，不务众子而务众妇，尊所好，忽所恃。一旦山陵崩弛，社稷不定，此一殆也。渐台五重，黄金白玉，琅玕笼疏，翡翠珠玑，幕络连饰，万民罢极，此二殆也。贤者匿于山林，谄谀强于左右，邪伪立于本朝，谏者不得通入，此三殆也。饮酒沉湎，以夜继昼，女乐俳优，纵横大笑，外不修诸侯之礼，内不秉国家之治，此四殆也。故曰：殆哉！殆哉！"钟离春说的齐国这四难让齐王和大臣们哑口无言，不禁被眼前这个丑陋的中年女子所折服。钟离春没有正面回答宣王的问题，而是以一个战略家的身份分析了国家的内外患，使满朝文武曲恭佩服。钟离春的分析逻辑清晰、有理有据，从齐国周边小国的林立到外患，从男人的懈怠到社稷的岌岌可危，忠臣的离去和奸臣的当道，以及整个国家饮酒作乐的败俗是国家面临的四大危难。钟离春凭借自己的深远见地征服了齐宣王，令他不再沉迷声色犬马，开始励精图治，令国家强盛，福及子孙后世，被称为一代贤后。钟离春虽貌丑但心灵美，她的励志故事也被人们传为美谈。

在《神怪列国志》第二回"凤凰岭桑园龙凤会,山村女对句讨册封"中,也写到齐王与钟离春的对话。不过这里是一对一的答与问,让彼此更深地从言语认识对方。他们俩未见面前的对话,语言精炼、反应敏捷。以下是齐王与她的一段对话,树上的人就是钟离春。

齐王说:"天为棋盘星为子。"
树上立即答:"地为琵琶路为弦。"
齐王说:"天为棋盘,何人能摆?何人能下?"
树上答:"地为琵琶,谁人能定?谁人能弹?"
齐王说:"天为棋盘星为子,朕能摆,朕能下。"
树上答:"地为琵琶路为弦,我能定,我能弹。"
齐王说:"大路没有工尺字,你如何定音弹丝弦?"
树上答:"世上不见上天梯,你怎样登高摆棋盘?"
齐王说:"昆仑山高高万丈,朕跨上峰顶摆棋盘。"

以上两则文献展示了这个才女的口才和惊人的智慧,她非同一般,是有着将相之才的女战略家,还略微带有点半人半仙的特点。钟离春精通武艺,练得一身本领。她有着与骊山老母一样能征战的本事。同时,钟离春也是一个粗中有细的人。《神怪列国志》第六回"钟离春大闹银安殿,高金莲怀妒起祸心"中,钟离春识破了高金莲的诡计,用高金莲准备给她的毒酒毒死了罪有应得的金莲。钟离春怎么会知道这杯酒有毒?谁知高金莲早被钟离春看出,识破她的计谋。高金莲不得不继续狡辩:

"不不!这酒没毒。"

"没毒?那你怎么不喝?"

"我不会喝。"

"哈哈!方才你陪我喝了好几杯,怎么现在又不会喝了?"

"这……"

"高金莲!"钟离春一声怒吼,把高金莲的手腕子抓住了:"你说实话,这酒里到底有没有毒?你要敢撒半句谎,今天我把你小胳膊小腿外带浑身骨头一截一截全掰折。"

钟离春正说着话,手指头稍微一用力,高金莲的手腕子"嘎巴嘎巴"就响起来了。疼得高金莲不住惨叫:"哎呀别!别!我说实话,酒里有毒。"[1]心细的钟离春就这样盘问出酒里下了毒,将害她的高金莲果断饮下毒酒身亡。

正因为钟离春是个高人,是齐王的贤内助。《神怪列国志》第十六回"魏金英携宝行险恶、钟离春道破藕丝琴"中,提到了钟离春虽面相粗俗,却懂得乐理,擅长玩弄艺术。当晏婴向齐王推荐识琴和弹琴之人便是齐国的国母钟离春时,齐王脱口而出说:"钟离春是个粗野之人,岂能识得琴瑟?指像小棒槌似的。那么细的琴弦,甭说抚响,经她一碰,就得全折。"钟离春靠渊博的知识认出了藕丝琴,却无法弹奏琴弦很细的藕丝琴。她设置了一场骗局,自己在台上假装弹琴,让两个丫鬟彩云、彩凤在下面弹碧玉筝。然而被狡猾的燕国丞相魏金英看穿,正在她万分焦急的时刻,从天上飘下来一朵祥云,霎时间遮蔽抚琴台,耳边响起一声燕语莺啼:"妹妹莫急,姐姐助你来了。"回头一看,不知什么时候,身边已站定了一

---

[1] 楞严阁主:《神怪列国志》,北京:中国民间文艺出版社1989年版,第267页。

位俏丽佳人。①前来帮助钟离春的女仙乃是玉皇大帝的三女儿。史书上对玉皇三女儿的身份认同有多种解释。但石怡编著的《神话传奇寻史迹》里说骊山老母是玉帝的三公主,钟离春为老母徒弟,师父见徒有难出手相帮自然在情理之中。

《神怪列国志》第十二回"锐林君沙场遭挫败、丑娘娘斩子肃军规"和第十三回"钟离春仗义放敌将、老公主恃勇起祸心"以及第二十三回"钟离春出城破赵兵、薛纪元误闯车弓阵"等章节展示了钟离春的智谋、胆识,是一位战绩出色的女英雄。

骊山老母的弟子不仅有王后钟离春,还有八宝公主。八宝公主是《五虎平西》中的北辽公主,也是骊山老母的徒弟。八宝从小学艺于骊山老母门下,在老母仙山学法术。学成回宫之时,老母送了她八样宝贝,八宝公主的本事就更大了。当得知中原狄青带领士兵侵犯鄯善小国时,她勇于报名替国家出兵打仗。八宝公主乃骊山老母之徒,有仙传法宝。清代的《狄青全传》一书写了她在战场上的威风与战术,第三十一回中讲了"八宝公主大破重围、星星罗海沙场丧命",紧扣开篇"辽邦骁勇独推君,统领貔貅困宋军"的主题,演绎了"只道英雄专自许,何如失与女钗裙"②。当八宝打到白鹤关面前,远处烟尘滚滚,剑戟如林,将他们紧紧围困。八宝立即传令二将孟定圈、焦廷贵随她冲上前线。

八宝在战场上的英勇与自己如花般的娇美形成对比。狄青由于瞧不上鄯善小国,便认为这个国度不会有容颜似花的美貌女子。可是当容颜如此姣好的公主出现在他面前时,他不禁觉得八宝的长相

---

① 楞严阁主:《神怪列国志》,北京:中国民间文艺出版社1989年版,第268页。
② 李雨堂著:《狄家将》(上册),北京:中国文史出版社2003年版,第132页。

是灰堆上长出的灵芝草。再看看小说用诗般的言语对公主容貌的描写:"面如荷花初开放,八字眉毛在两旁。一双水晶凤凰眼,满口银牙白如霜。十指尖尖如春笋,小足金莲三寸长。又不高,又不矮,真正好看。又不胖,又不瘦,美貌千金。胜过那,三国里,貂蝉女子,更比那杨贵妃还胜三分。一像嫦娥离月殿,二像西施出珠帘,三像孟姜女来转世,四像仙女下凡尘。"①历史上的三大美女貂蝉、西施、杨贵妃容颜比八宝稍逊色,用仙女、嫦娥的姿色比八宝公主之秀色,看来八宝公主实在是太美了。八宝的长相无独有偶地出现在老母另外一个徒弟侯月英的身上,而狄青的长相也和侯月英爱人龙官宝一样:天庭饱满,地阁方圆,虎背熊腰,鼻直口方,一表人才。越剧《文武香球》看来是直接抄袭《狄青传》里面的句子。

作为老母的弟子,八宝知恩图报。老母让她带镇妖球捉拿孽畜蟒蛇,她不肯耽误时间,立即带着混元瓶、镇妖球和五条龙带子前往西夏国。八宝与蟒蛇战了十五回合、三十照面后,便拿出镇妖球来,口中默读真言,这条蟒蛇就现了原身,在地上拼命打滚。八宝随即又拿出老母临行前给的五条龙带子,将蛇变成蚯蚓后收到了混元瓶里。八宝拿的这五条龙宝带,伸缩自由。短起来拿到手里看不见,长起来随你有多长。收服这个妖孽后,八宝将混元瓶带到昆仑仙山玉虚宫,亲手交给了师父骊山老母。"八宝公主"作为骊山老母之徒,与樊梨花等人为同门师姐妹,她们菩萨心肠、雷霆手段,是智勇双全的典范。

---

① 尤红:《中国靖江宝卷》(下册),杭州:江苏文艺出版社2007年版,第1397页。

1.3 参政、上战场的女战士

樊梨花是唐太宗贞观年间的人,父亲樊洪是西凉国寒江关的守将。樊梨花自幼随骊山老母学习武艺,相传是老母的大弟子。老母教她一路盘龙棍,又教一路虎登山。樊梨花是一个精致伶俐的女子,学的兵法武艺样样精通。梨花临下山前,老母与她算了一卦,说她的未婚夫是薛丁山。樊梨花是老母典型的弟子形象,武艺高超,她的本领在《反唐演义全传》《说唐三传》《薛丁山征西》等多部小说中都有描写。其中樊梨花在《反唐演义全传》中与骡头太子的战斗让人为她的武艺叫好。他们交手五六回合后,骡头太子回身便走,樊梨花拍马追来,骡头太子便吱的一声响,将一口黑刀飞入半空。樊梨花笑着说此飞刀不管用,并用手一连打几个大霹雳,将黑飞刀击落原地。紧接着,樊梨花用剑反击他,吓得他急忙逃跑。

穆桂英是杨门女将中叱咤风云的人物。小说《杨家将演义》中写穆桂英自幼跟随骊山老母习学本领,有百步穿杨之能,飞刀百发百中之艺,还能排兵布阵,指挥三军。她是寨主定天王穆羽的独生女儿。定天王曾经因惹怒潘仁美而被削职为平民,便在穆柯寨当了寨主。后来桂英的父亲去世后,她便在穆柯寨做了寨主。据小说记载,杨宗保和穆桂英有前世姻缘,今世又因战争而结合在一起。赵匡胤封刘金定为大元帅,统兵平定南唐。金定在最后一战中带着身孕身陷阴魂阵,被敌人用三块金砖打死,割去首级。多亏骊山老母作法护住刘金定的元神,才使她死后尸身百日不腐,在墓中生下高旺。后来刘金定托生成穆桂英,高君保转世为杨宗保。就这样穆桂英和杨宗保有了前世注定的姻缘。

所以当杨宗保与辽兵作战,遇到了无法识别的天门阵时,他便猛然想起了穆桂英。当彼此说笑一番后提起辽国摆阵之事，穆桂英详问后便猜出可能是天门阵。杨宗保听后非常惊喜，便问穆桂英是如何知道的，穆桂英便把她从小随骊山老母学艺的事说了一遍。看来骊山老母是名副其实、技艺超群的师父，其名声威震四海，老母的徒弟们以她为荣，也从她那里学到了不少。桂英接着分析："人阵合一！只要是人，都有弱点，只要是阵，都有死门……人有人数，阵有阵数，同受日月天地、五行术数左右！无论命格再强、运气再好的人，总有势弱一刻！天门阵已经人阵合一，任道安的命数，就是天门阵的命数！"①

《杨家将演义》中另外一个女性人物翠萍也说到自己是骊山老母的徒弟。翠萍听了谗言，害了宗保丧命，最终悔过后因莽撞行为致使自己惨死。书中说当翠萍得知宗保为破天门阵所困，连忙安慰他说自己也是骊山老母的徒弟、穆桂英的师妹，可以帮上宗保什么忙。翠萍虽为极平凡一女子，在这里也和骊山老母有了关系，看来老母的女徒弟在当时数目已经很多了。老母的女弟子们多数是凡人，她们接地气，在民间影响大，与俗人打交道最多。

老母广收门徒，宋代小说中说她收了穆桂英做徒弟，厉害的穆桂英成为杨门女将中独树一帜的女战士。《杨门女将》中的翠萍虽为小人物，但她作为老母徒弟也不自觉地搅进了战场。虽然她最后以失败告终，但对整个局势的影响有很大的作用。《下淮河》中的老母女弟子魏金华在大战番贼的战场上用老母所赐的斩龙剑、打虎丹、三昧神火与敌人交战，出尽了风头。

《文武香球》提到了老母的另一位女徒弟张桂英。她乔装成男

---

① 裴效维：《杨家将演义》，北京：宝文堂书店1980年版，第475页。

装,到武考场去考试。因为她是骊山老母的门生,本事了不得,考中了武状元。她与侯月英同为老母弟子,可是由于种种矛盾却大打出手。张桂英知道侯月英为自己的师姐,可是当时的侯月英却毫不知情。张桂英心里想:你不认得我,师父说了,我有一个师姐叫侯月英,我倒晓得你,我就要试试你有多好的本事。就这样,张桂英因侯月英不听父母之命自作主张安排姻缘,便借此向她展开攻击。"侯月英,侯月英,婚姻乃父母做主,你不遵父亲之命,我今天哪肯容情于你。"谁要两人同拜一人为师,本事旗鼓相当。两人杀了大半天,不分胜败。两人作为骊山老母的门生,本事自然了不起,杀得天昏地暗,打得日月不明,杀得百鸟总停翅,杀得鸟儿吓得不敢开声,一个上秤称八两,一个上秤称半斤,强中遇到强中手,自家人遇到自家人。①书中的描写令人提心吊胆,让读者为同一师门的两位厉害女子捏了把汗。

老母的另外两位女徒弟严汉珍与苏玉兰在《中国靖江宝卷·草卷》的《十把穿金扇》中写到了。这个故事是盐阜大地普通民众耳熟能详的民间故事,剧情围绕着十把穿金扇的传奇故事展开。严汉珍与苏玉兰两个姑娘同严仙、苏廷龙、苏廷虎等男士一起打擂台。严汉珍为严霸之女,苏玉兰是苏葛之女,严汉珍的母亲是苏葛之妹,所以她俩应是表姊妹,又同是骊山老母的徒弟。她们一身非凡武艺,马上马下十八般兵器精通,法宝多样,厉害无比。她们武艺高超,成了名副其实的斗者、勇士。当徐青加害苏玉兰后,玉兰的尸体被狂风刮走,实际上就是她的师父骊山老母所为。老母早就

---

① 尤红:《中国靖江宝卷》,杭州:江苏文艺出版社 2007 年版,第 1522 页。

算到女徒在自己的未婚夫手下必有一死，就用神风将苏玉兰收回仙山救活。

《中国靖江宝卷·草卷》中《文武香球》故事里另一位武艺高强的女子侯月英也是骊山老母之徒，她在老母的帮助下也找到了自己的配偶龙官宝，并且最终走到了一起。龙官宝是天上文曲星宿临凡，侯月英是天上红鸾星宿下界，他们两个人天生一对，地成一双。书中是这样说的："北极巷有一个参将，姓侯，名叫公达，同缘吴氏为婚。这人家没得儿子，养到一个小姐，小姐名叫侯月英，是个贤德的女千金。这个小姐从小吃苦，就跟她家父亲习武，夜里困下来，骊山老母梦中传授她各种武艺，所以小姐武艺了不得。"[1]同样，老母也送了侯月英一个铁盒宝贝。老母在月英家花园放了一个大大的铁匣子，并施法只有让她本人才能打开匣子，盒盖上的字说："要得此匣开，待等月英来。"侯月英便走到铁匣子旁边，那个铁匣子自动"嘭"的一声崩裂成两半。盒子开后，里有明盔亮甲一套、无字天书一本、绣鸾钢刀两把。原来这些宝贝是让她带着将来大闹阳关镇之用的。这无字天书可以指点迷津，明盔亮甲和绣鸾钢刀可以防身，可见侯月英承蒙老母厚爱，得到宝贝助她征战。

传说中刘金定为五代时庵山的一个道姑，她结草为庵，在那里修真养性。这个刘金定也曾为骊山老母的徒弟，她不仅生得美貌无比，还能呼风唤雨，移山倒海，武艺十分高强。她和高君保不打不相识，经过一番打斗和误解后最终结为夫妻、成百年之好。金定的婚姻也受到师父骊山老母的提前暗示，老母让她在石门关遇夫君，

---

[1] 尤红：《中国靖江宝卷》，杭州：江苏文艺出版社2007年版，第1522页。

扫平南唐，留名于世。①当刘金定被余鸿的妖法害得性命将亡时，骊山老母派人救了她，后来又帮助她破了敌人的阴阳阵。《刘金定救驾赵匡胤》中写到她与自己的未来丈夫高君保在沙场征战的情况。公元957年的一天，20岁的刘金定红马金刀，英姿飒爽，站在大路上，路旁立着一块大木牌，上写着："拳打南山猛虎，脚踢北海蛟龙，谁敢犯我山境，姑娘定斩不容。寨主刘金定题。"就在这时，对面来了一位白盔白甲，骑着白马的年轻小将，气宇轩昂。他看了牌子，哈哈大笑："小小山寇女子，有多大能耐，竟敢口出狂言。"顺手一枪把牌子砸烂，挑甩路边，催马前行。刘金定受到羞辱，怒火中烧，举刀就劈，白袍小将举枪还击。②两人就这样不打不成交地遇到了。刘金定在战场挥刀作响，白袍小将君保使枪也很厉害，两人不分胜负从早上打到正午。刘金定见此状使了一计，让君保追赶她到树林。君保来不及收缰，连人和马一起陷入深坑，束手就擒了。金定深知君保是一位英雄，便问他姓氏和家况，方后才知道他姓高名琼字君保，现在大宋皇帝赵匡胤驾前为将。金定这才恍然大悟他们是一家人。

清代居然有刻本小说讲到祝英台殉情之后，被骊山老母救了起来，还教了她一身法术。《十把穿金扇》中，严汉珍与苏玉兰亦从仙山下来，由骊山老母指点她们下山与蒋林、徐青团圆，共讨奸贼。老母徒弟的不断扩大倾向，说明了她在民众心里的影响重大。

---

① 中国民间故事集成全国编辑委员会：《中国民间故事集成·陕西卷》，北京：中国民间文艺出版社1996年版，第249页。
② 姚登恒：《亳州沧桑》，北京：远方出版社2001年版，第78页。

1.4 老母女弟子形象总结

钟离春、穆桂英、八宝公主以及魏金华等老母女弟子，其长相和身份各不相同。美女和丑女、公主和庶民之女，这些形象在传说和史实中掺杂交织，巧妙地用故事虚构塑造了老母女徒弟典型的"烈女"形象。她们是有杰出社会表现及个人才能的妇女，为社会道德树立了某种正面的典范。

老母与徒弟体现了对神仙师父的崇拜和"仙师授贤徒"的母题流传与变异。女弟子们崇拜老母，对师父尊重，她们个个都是很脱俗的"烈女""节女"形象。骊山老母的这些女弟子有暗器邪术，有评论家直接把她们说成带有妖术的女战士。这些女弟子技艺高超、有所依靠、师出有门，她们世界的高人就是骊山老母。骊山老母作为导师的身份若隐若现地存在，她不仅神奇，且武艺高深莫测，往往在关键时刻帮弟子寻找救兵。老母并非凡人，她是神仙圣母，是绝尘拔俗的高人。她的女弟子们都持有宝物，这些神奇宝物也往往在实战中派上了大用场，这些作战宝物虽小巧、灵活，但实用性强，让持有的女弟子们拥有几分仙气，显得超凡脱俗。

这些女将出场时大多未婚，旧时称为"在室女"，出场后马上把婚姻问题同政治结合起来了。老母门下相当一部分未婚女将，以所持宝物或信物来找到自己的另一半。她们利用自己得心应手的神奇宝物，在战场上巧妙地擒住自己心爱之人。女战士们不因为是敌人就心生憎恨，反倒恰恰由于是佳婿难求而一见钟情，垂青对方，老母弟子们刀剑下留人，先俘获对方再说下一步。于是女性个体的私情化心理活动和言谈行为的描写，往往与棋逢对手的斗宝叙事彼此呼应，相映成趣。

骊山老母徒弟在小说中以女将身份出现，这是一种新女性角色的表现。老母的徒弟在战场上难以对付，这些与来自唐代剑侠传统中的女剑侠的敬畏与崇拜有关。穆桂英在《杨家将演义》里展示出极精的箭艺，她有三口飞刀，百发百中，实在有点不寻常；樊梨花在《说唐后传》《说唐三传》中，她的移山倒海、呼风唤雨术令男性望而兴叹；八宝公主在《五虎平西前传》《五虎平南后传》里更是神而又神、法力无边；钟离春、魏金华、刘金定等神奇式的人物都不脱离"剑侠"原型，她们在小说中扮演着重要角色，为自己的立场赴汤蹈火、忠心保主。她们迎敌降妖、行侠仗义，与其说无所不能，还不如说是肝胆相照、武艺超群的侠女。她们具有自己独立的人格和自我价值，本领武功超强，有着出色的军事才能和掌控国家命运的帝王之威。柔弱的女性在女性意识觉醒和地位提高的前提下，展示着自己卓越的才干和使生命价值得到体现的愿望。因此，她们克服现实种种压力与束缚，求得与男性一样参与社会活动的权利。这是对封建传统妇德的颠覆，也是女性们对自身问题思考的结果。骊山老母的女徒弟们属于这些先锋女性的代表，她们在小说中的卓越表现是对现实社会的鞭挞和抵抗，这种强烈的女性主义萌芽意识像波浪一样在小说中一层层地推进，演绎着女性在小说中形象的新局面。

明清时期，女神在通俗白话小说《封神演义》《西游记》中占有很高的地位，这可能与当时秘密宗教中的女性教主——女神崇拜有关。就这样女性神成为宗教信仰的核心，成为宗教中的领导者，这在以男性为领袖的佛教和道教中是史无前例的。明清小说中有关骊山老母及其徒弟的故事既是时代的衍生物，也是现实社会的镜子。

老母被塑造成无所不能的女神，吸引着众多徒弟。还有，明清时期白莲教中的"老母"信仰在民间抬得很高，成为广为流传的精神力量。女神崇拜部分地与民间佛教信仰结合起来，成为白莲教神话中的主要题材。所以在清代小说中，出现了很多类似于无生老母的其他女神，她们多以"圣母""老母"命名。

因此，老母及其女徒弟相关题材的情节内容就异乎寻常地在明清小说中出现。老母的这些女徒弟与道教相联系，她们有些是神仙、或半人半神的女性，有些又带有些女巫妖术的性质。老母的女徒弟们是具有战神职能的将士，她们直接参战、统帅战争，与明清白莲教有着直接的关系。

老母的徒弟们都是超现实的强者，所谓名师出高徒。她们曾经都在山中修炼，学艺于骊山老母门下。樊梨花下山后无往而不胜，使自己的公公薛仁贵和丈夫薛丁山相形见绌；穆桂英和八宝在战场上的威严、勇猛让人赞绝；钟离春的机智让宣王惊叹；白娘子的妖术实在让人生畏；等等。这些女弟子在人们心目中留下了不可磨灭的深刻印象。

第五章 骊山老母的祭祀

第一节 日常祭祀活动

世界上没有一种宗教没有仪式,宗教仪式随着宗教产生而出现,往往还先于宗教思想的产生就存在了。仪式对任何一种宗教都是重要的活动之一,也是构成崇拜的必要条件。骊山老母的所有宗教仪式活动都宣传母性与慈爱、倡导和平与奉献之精神,老母文化体验与参与有助于实现一定的经济价值与社会功能。老母信仰有关的民风民俗以及传奇故事或老母宫里的人造景观,属于高层次的主要艺术和基础层次文化的有机结合。骊山老母信仰是以她的骊山老母宫为中心,依靠当地和一些外省人士的认同和信奉辐射开的。

中国道教传统的多神崇拜让骊山老母信仰产生与发展。不论她身份如何,都有"神"的色彩。骊山老母被认为是西戎族原始部落的女酋长、女英雄,属于典型英雄崇拜的"神"话色彩。在通俗文艺作品中,作者借用老母的名字对其加工创造,让她成为生动的艺术,从而受到民众的崇拜;而在民间,人们祭祀老母,请她庇护,保佑民众的生活。人们的精神意识和宗教行为的关系在骊山老母信仰中完美体现。

中国的宗教包含于广义的政治之中，它是阶梯性社会的基本要素之一。①老母信仰也有不同等级，信仰的等级之分反映了社会阶级不同社会阶层的需求。中国民间的庙宇和祭典，无法完全独立于国家或王朝的支配之外。中国祭祀的形式与对象，自商以后逐渐制度化。祭祀不仅是项宗教活动，同时也是统治者维护权威的一种手段。祭祀借助层层体制，架构出一套完整的政治伦理。一方面维护了个人及政权的权威，另一方面也安定了民众心灵的空虚和不安。因此，当祭祀制度化后，古代帝王就明文规定庶民只有祭祀祖先及社神的权利。骊山女神的祭祀也不能独立于统治者的意识形态之外，秦始皇与骊山女仙的逸事实际上已经把统治阶级的政治权威和信仰交织在一起了。再后来，老母的名字出现也是皇权对道教支持的结果。当地百姓相信骊山老母会使自己心想事成，这就是老母宫传承祭祀骊山老母千年不衰的原因所在。

老母的民间信仰、斋醮和娱神活动形成它特定的民俗。在道教中，法术、道术是主要的宗教行为，道教徒对于道的信仰是通过行法来体现的，也是通过行法来修道、弘道的；而法术、道术的前身是方术，它们所指同一，都是用于召神降鬼、祈福禳灾、修仙养身的。道教活动中的仪式——斋醮，指的是"道场"或"法事"。"斋"是斋戒沐浴的意思，古人在祭祀前清心静心为"斋"；"醮"为酬神施恩道场，也就是求神免灾的设坛祭祷仪式。②按《说文》："斋，皆洁心，从示。"韩康伯称"洗心"为斋，"防患"为戒。骊山女神信

---

① 黄树民：《乡土中国的变迁——美国学者在山东邹平的社会研究》，济南：山东人民出版社1981年版，第49页。
② 周高德：《道教文化与生活》，北京：宗教文化出版社1999年版，第84页。

仰的斋戒受道教斋戒思想、仪式的影响，人们焚香、做道场、诵经，进行各种仪式，道教形成的经典、教义、斋醮礼仪又影响着骊山女神信仰的民间宗教活动。

　　道教殿里的负责人称住持，俗称当家，是管理实际事务的首领或主持人。监院一职，必须由道德齐备、聪明才智、宽宏大度、威仪可法、通道明德、功行俱备者担任。监院由全体道众公选，三年一任，可连选连任，任期如有过失，可以公议撤换。方丈在道场举行重大仪式时，穿着绛衣。在道场上担任配角的道士所穿的服装为道服或道衣，尽管不十分漂亮，但引人注目。海青为年轻并且没有资历道士的服装。日常念经祭祀骊山老母时，常有人穿海青。

　　现在老母殿成员有 20 多个，有的为俗人，有的是道士，也有的是僧侣。他们念《道德经》和《三清经》。看管老母雕像以及主管老母灵签的两位女道人，在骊山上已经待了 20 多年了。据她们口述：世间原本很干净，后来由于人们私欲的膨胀，让人间充满了肮脏的雾气。老母见此状，便用手划了一道，形成天上与人间。清静纯洁形成清轻之天、浊气下降凝结为地，地下自现九泉苦海了。老母呵虚无先天之气，化成一根上接天门斗口，下连大地上黄河之源的橐管，引清清之气上升，浑浊之气下降。两位女道士用佛的语言比喻世人的苦境：跳下苦海深渊，永落千丈。要飞往天上，则所越不过数尺，此为地心引力之所然。所以世人修道，要脱离轮回，要抛弃依恋尘世的物质贪婪。所以，人要超越有限，而到达天上的"逍遥游"境界，以人自控的"有为"而到达"无为"之境界。老母殿的神司人员忠于职守，他们视老母为元始。体现了天与众生之间密切的亲情。老母在这些道人眼里把众生视为儿女，怜惜爱护。老母与民众这样的连带相互关系体现了亲情的至上与和谐。

其实，老母被视为开天辟地、炼石补天的开天始母在小说中也有体现。明罗懋登著的《三宝太监西洋记》上卷中"金碧峰神运钵盂、金钵盂困住火母"一节的对话里体现了老母曾炼石补天的故事。当金莲道长问起火母是祖师骊山老母几时的徒弟时，老母便道："我是原日炉锤天地的时候，他在我这里扇炉，叫作个火童儿。因为他偷吃了我一粒仙丹，是我责罚于他，他便逃去了。后来有个道长看见他在甲龙山火龙洞里修真炼性，不知今日怎么样儿惹下这等一个空头祸来。"①炉子是用来炼石的，锤天地说明确实修补过天。

现在的临潼一带，人们用"补天补地"来纪念老母补天的丰功伟绩。每年农历正月二十日，骊山周围临潼与蓝田一带至今还保留着烙煎饼、蒸煎饼的习俗。煎饼一熟，人们要做的第一件重要事情便是"补天补地"。长辈们郑重其事地拿起一张上好的煎饼，双眼朝天，双手一起鼓劲，猛的一下扔上屋顶，算是"补天"。同样，手拿一张一样的煎饼，郑重其事地扔进家中井水之内，算是"补地"。

"补天补地"节，或称"穿天节""女王节""女皇节"的另一个原因与蛙图案崇拜的遗习和女娲相关的民俗关联。如汉以后的农历二月初二或二月二十三日，民间就有了"穿天节"。明杨慎《词品》载："宋以正二十三日为穿天节，言女娲以是日补天，俗以煎饼置屋上，名曰补天。"另外的说法是每年的农历正月二十日这一天，家家户户都要吃蒸饼或面饼，饼子蒸好后，要先给房子上扔一片，再给地上扔一片，俗话叫"补天补地"，就是为了纪念相传老

---

① 罗懋登：《三宝太监西洋记》，上海：上海古籍出版社1985年版，第440页。

母补天补地的功绩。在中宁一带，家家户户每年腊月二十几都烙馍馍。所烙的馍馍不是一般的馍馍，而是有讲究的。人们用镊子把馍镊成花牙，中间还用葫芦刻成五个小点，代表补天用的五色石，大年三十下午，房上扔一个花馍馍叫补天，井里扔下一个花馍馍叫封地。此习俗由来已久，延续至今。看来这个节日是女娲补天神话的沿袭，它是人们祈求女娲免除雨水灾害、保佑苍生的一种祭祀形式。在骊山还有俗称"审新娘"的习俗。新娘结婚的当天，姨、婶、姐们要看新媳妇身上绣的巴掌大的蛤蟆娃"裹肚儿"。"蛙"者，与"娲"同音，就表示此孩童所戴"裹肚"正是人类始祖"女娲"娘娘的象征，孩子戴了这个"裹肚"就百无禁忌了；所以一定会永远保佑孩子平平安安，健健康康，长命百岁。新娘戴蛤蟆娃"裹肚儿"的风俗表明了新娘是女娲的后代，身着女娲服饰具有保护新娘平安、幸福的作用。实际上人们穿戴具有女神形象的服饰，认为这些物品为与神明相联系的媒介，具有一定的神圣性。人们将信仰融入到身体服饰中，传递着人们对美的追求、对神灵的崇拜。这也是弗雷泽《金枝》"接触律""触感律"的体现，人们认为服饰是人和神相同的媒介，通过接触这个媒介达到和神感应、求得庇护的作用。

　　老母和女娲混淆，可能是因为骊山周围确实有可寻的女娲生活遗迹。骊山四面环绕关中古海，周边土地肥沃，自然条件十分优越，人类最早就选定这块宝地生存繁衍。至今，还有古代女娲氏族部落在这个地区生存和活动的实物见证。远古文字出现之前，就有了许多与女娲氏相关的地名，至今还有一个村子叫女娲氏庄，它位于骊山西坡。由于当地将女娲连读为"阿"，故也读为阿氏庄。其实女娲二字连读后，从语音上容易只读"a"的发音。《陕西通志》

上记载：古代女娲氏是由陕南平利县中黄山迁到骊山的。①

香在祭祀任何神时都不可或缺，它是通神的工具，是信徒给神仙的一种供品。祀焚香之制，始于汉代。汉以前祈神不用烧香，故无上香仪式。《礼记》称，周人喜欢香气，采集香蒿，染上油脂同黍稷合起来一齐烧，使香气充满于墙屋内。后来，又因为香蒿和蓬艾能上达神明，故在宗庙以祭器焚烧之。直到汉代，据《西京杂记》记载：有长安木匠制成了"九层博山香炉"，炉体镂雕奇禽珍兽，穷诸灵异，各自能自然运动。汉武帝祀太一始用香灯。嗣后，祭祀遂使用焚"香"。据明朱权《天皇志道太清玉册》称，"灵香可以达天地之灵"，"凡理由急祷之事，焚之可以通神明之德。如出行在路，或遇恶人之害或在江湖遭风浪之险，危急之中，无火所焚，将香置于口内嚼碎向上喷之，以免其厄"②。

拈香最为隆重，只有在诸神圣诞或供斋设醮时由住持或高功方行之。拈香的香种有五种：檀香、沉香、云香、紫降香和茄兰香，称"名贵五香"③。但是作为通神的香原则上是不分材质好坏的，可是当人们把它作为对神的供品时，它的贵贱好坏就显得至关重要了。在香的选择中，檀香最为常用，它的用法也比较讲究。香劈成一分粗细，一寸长短，需用专用香炉。拈香前，先用香勺在香炉中间将香灰挖一小坑，埋入香面，用香勺抹平，香面上微覆一层香灰。接着，点燃少许事先折成一寸长短的线香，将燃着的那段插入香面内。

---

① 葛慧：《三秦史话——西安地名趣谈》，西安：三秦出版社2005年版，第145页。
② 李养正：《道教与中国社会》，北京：中国华侨出版公司1989年版，第146页。
③ 周高德：《道教文化与生活》，北京：宗教文化出版社1999年版，第74页。

一般人敬香的具体做法：选三炷香，点燃后若起明火，可左右摆动，不能用口吹灭。面对神像，双手举香，躬身敬礼或下跪。三炷香要插直、插平，间隔不过一寸宽，以表示"寸"（诚）。之所以烧香，可能是焚烧香时，香烟袅袅而升起直至消散在空中，缕缕青烟升腾，让人们感觉直达神灵，与神灵产生共鸣。

当然，骊山老母殿也有功德箱。行善者可以自愿往箱子里放钱财，一元、两元均可。如果想放多一点钱"积阴功"，直接交到道士手上，他们会做记录。如果想献一些特殊的供品敬供神灵或超度亡魂，老母殿的道士也尽可能帮人们满足。笔者看到一对夫妇将买来的特殊小锁交给老母殿住持，住持用盒子将锁子装好后放在老母塑像前，这个习俗叫锁小孩。如果孩子不听话或者易生病，把刻有孩子姓名的小锁放于老母雕塑前的龛笼里，直到孩子年龄满18岁后即可拿回。据说，这样对孩子人生和发展都很好。

不同的地域，不同的香社，因不同习俗的影响，致使进香的形式也有所不同。但总体说来，庙会进香还是有一定规则的。老母庙会的会期定在农历六月十三，但赶集人并不都限于老母诞辰的当天。人们进香的会期在约定诞辰的前后。朝拜者按照个人情况，带上不同的供品上骊山祭祀。当然香纸是必备之物，但作为在老母庙会期间上山的信徒来说，这当然是不够的，有带水果馒头的，有带蜡和香的，也有带现金打算捐功德香的，更有甚者还按照古代习俗带着一个礼单，也称为"文书"，然后在跪拜时礼念给神听。当然还有献花，或献油、献面，或赠衣，或挂匾、竖碑等。一般我们说的五种献祭物香、花、灯、水、果等在老母庙会期间都能看到。香可上达三境，下彻五道；花可舞动阳气，熏沐金容；灯可灼透幽冥，照开泉路；水可涤炼阴魂，恢复真形；果象征着结果而收，早登仙界，均具有浓厚的象征意味。看来,现在的祭品,都与古时的习俗有着很深的渊源。

在进香活动及仪式中,虽然各团体的角色和义务有所不同,不论是主持祭祀者(灯主、头家),或是出钱买香急切烧头香的虔诚信仰者,还是各种阵头、曲艺、神偶团体等,这些形式都是古人随香方式的现代延续。在理想形态上,他们都必须保持一种"诚敬"的心态,行前须斋戒,沿途需履行任务和"承诺"。正如信徒所说的:"一定要有一份诚心。""诚心"是整个信仰理念和宗教态度最基本和核心的地方,也是每个国家、民族所讲求做人、做事的道德准则、风格和一种特有的生活态度。俗话说:"人要妆,佛要扛。"人们只有对神仙经常烧香、祈求、许愿和还愿才能得到神仙的保佑。诚心就是要通过行动表达的。在骊山老母殿调查期间,最常听到的话便是:"有诚心才有灵验,神明才会保佑。""心诚则灵,有灵则验"。老母殿内道忠民写的一副对联一语中的:"神思有应心诚可传九重天,居行天地到自然逍遥神像。"(横批为"功成而弗")香客在进香过程中实际与神灵保持着一种私密的关系:他们向老母诉说着心中的愿望或倾诉着自己的烦恼与苦水,希望得到神的眷顾与保护。平日里老母犹如存在人们身体内的自然正能量,当人们感到虚弱无助时,老母就是他们的帮助者和保护者,当一切顺利时,人们感到老母就是自己力量的象征。

道教仪式中使用的主要法器有法尺、法剑、手炉、令牌等。法尺是古人祓除不祥的法器,用桃枝做成。法剑是古代的士大夫佩剑。宝剑难铸,剑身如流矢,故传有灵异。手炉为古人灌献之礼用的圭瓒。瓒之形如玉盘,柄像圭。令牌,即古人之虎符。古代虎符上圆下方,道士用令牌召天将,即沿用古制。这些在现代的老母宫都见不到了，严格意义上的祭祀法器已经从人们视野里消失了。醮坛上一般道士随其职责有伺经（主管经书的收存、陈放、唱念）、伺香（主管坛场焚香不断）、伺灯（主管坛场灯烛、内外辉华）、知磬（主管击磬）和知钟（主管击钟）。这些人物平日在骊山老母殿各司其职。当然，现在老母殿平日只需几个人就可以应对平日的工作，并不像古代职司那么分工详尽。

祭祀仪式中有"步虚"。原指道士在醮坛上讽诵词章采用的曲调行腔，传说其宛如众仙缥缈、步行虚空，得名"步虚声"，其实就是道士歌颂的经声。步虚音乐大多舒缓悠扬，平稳优美，适于道士绕坛、穿花等行进活动。台湾老母宫的网站上可以看到一个步履轻盈的道士挥舞着剑、做着步虚的仪式。只可惜，临潼的老母宫没有"步虚"表演。

内斋和外斋都是仪式活动。内斋是一种静的"文"仪，日常道教活动以敲钟、击鼓、打云板为生活号令。每天五更开静，洒扫庭院殿堂，整齐冠服，诵经。斋堂用膳后，道众研习教义，接待香客或参加劳动。晚上功课，一般诵《清静经》《心印妙经》等，这些都应该算内斋活动的内容。外斋是一种动的"武"仪，如登坛拜表、步虚穿花等大动作。老母宫每日有内斋，像外斋这样的"武"仪早已没有遗迹可寻。

诵经在骊山老母殿是件很神圣的事情。《太上玄门功课经序》中规定："凡诵经者，切须斋戒，严整衣冠，诚心定气，叩齿演音，然后朗诵。慎勿轻慢，交谈接语，务在端肃，念念无违，许愿祷祝，自然感应。"[1]因此，那里的道士不允许别人打扰他们诵经，他们也

---

[1] 周高德：《道教文化与生活》，北京：宗教文化出版社1999年版，第106页。

不随意起身离开经案。只有集中精力诵经，才能达到静心的心境。

《全真清规》规定："有志之人，亲奉名师，朝参暮礼，听而从之，习学经典，遵守清规，日至黄昏，烧香上灯，礼谢天地，朝拜圣贤，供奉师尊。"诵经时，道士要"人各运心，威仪整肃，调声运气，心思意解，耳闻目视，音声相和，前后相随，任人来往，各自皈依，诵经如法"①等等。这其实讲到了道教的两斋，即敬神活动的设供斋和去欲去思的心斋。老母宫的日常斋戒以这两个为主，当然道士们对饮食很注意，素食成为他们基本的戒律。他们千方百计地少吃少喝，以服食丹药、辟谷、修炼气功等方法来代替日常饮食。

《太上洞玄灵宝素灵真符》卷上（题"陆先生受"）说："凡一符文，皆有文字，但人不解识之。若解读符字者，可以录召万灵，役使百鬼，无所不通也。"②老母道符在信仰者心中具有崇高不可抗拒的法力，特别是平安符、开运符、财运符、婚姻符一直被民众所追求。骊山老母神职的核心是主生的，其香火在民间浸染了"主生"功能的骊山老母就轻松地走上了主生育的女神之路。后来在道教徒的渲染下，她已演化成无所不能的女神。有关骊山老母的诸多传说，足以印证她是骊山最重要、最受尊崇的神，她的慈祥、智慧、扬善惩恶的作风一直让人们津津乐道。骊山老母的香火自然压倒了骊山顶上所有的男性神仙。

---

① 任宗权：《道教戒律学》（上下），北京：宗教文化出版社1999年版，第133页。
② 陆修静，《太上洞玄灵宝素灵真符》，收入《正统道藏》衣字号，第10册，台北：新文丰出版社1986年版，第789页。

第二节　老母庙会

　　道士和信徒共同参加道教活动，举行仪式成为道士和信徒联系的重要纽带与相聚的盛会。任何一个真正的道士和道观是不会不举行道教仪式的。当人们在一定的时间，不约而同地从四面八方汇集到骊山，参与大致一样的祭祀活动和相同的娱乐庆祝并逐步程序化的时候，骊山庙会便成熟定型了。祭祀是件隆重的事，不能怠忽不办，但也不能拘于形式、经常举办。老母庙会的女神文化为大众化审美提供了新的舞台，同时也创造了新的审美体验。

　　庙会作为群众性的一种信仰活动，日期的确定至关重要。中国人本有祭神集会的习俗，更何况道教的一些活动带动了某些风俗的出现，而且道教对民间娱乐如各类神诞、庙会风俗的影响十分巨大。道教的神仙众多，只要在民间影响大的任何一个神仙过诞辰，都会有大批的民众进庙祭拜，或者以宫观为中心，举行各种纪念、庆祝活动。就这样，我们平常说的庙会就形成了。道教神仙的信仰习俗在民间是与当地原有的种种风俗联系在一起的，形成该地岁时风俗的一部分。

　　老母庙会这个大型活动的日期自然就与老母的生辰发生关联。人们给所崇奉的神过一个和"人"一样的生日，这是神人格化的特点之一。在每年的生日庆典上，人们借助隆重的仪式和活动给神献一次礼，以表达自己的心意。一个重大的节日就这样形成了，庙会活动的最好时机也就来了。而且道教自古以仙人、神仙的"诞辰"为节日，比如每年农历正月初九是玉皇大帝的"诞辰"，三月二十八是东岳大帝的生日庆典等。骊山老母的生日相传为农历六月十五，所以这一天便成为一年一次的庙会时间，是老母诞生之日的纪念盛会。每年农历六月十五这一日的前后，人们认为老母这几天必来光临宝殿，便纷纷上山为老母祝寿，还愿的香客络绎不绝。每年六月十三至十五的"老母古会"人非常多，连日本和东南亚都有人来，真是热闹非凡。骊山老母的进香活动，与其他庙会比起来没有香社组织，是典型的民间信仰行为。

所以，骊山老母庙会实际上只是信众在庙会期间集体进香的固定日子。在庙会期间，有不少人一连几天不下山，晚上铺条床单在地上休息安卧，所以还有人将六月庙会说成"单子会"。据说，古代有个女子婚后多年无子，于是在某天下午独自登上骊山，来到老母殿求子。天黑无法下山，只得在山上铺上床单过夜，最后怀孕生子，得偿所愿，"单子会"的来历就是这样的。虽说参加者有很多外省人士，但主要限于周围群众，所以有明显的地域性特征。

其实"单子会"与临潼当地以前就有的"人祖会"有关，古代"人祖会"来源于骊山顶天文台旁的仁宗庙。这座庙宇历代均有记载。许多古籍指出：秦汉以前所谓始皇是指伏羲、女娲等上古人类始祖。民国以前，临潼人民每年农历三月初三日和六月十五都要到骊山上拜祭人祖，游山玩水，洗温泉水，祛除邪秽。随着时间的流逝，农历三月初三已经被人们淡忘。六月十五的"人祖会"（也叫"仁宗会"）与老母诞辰合并在一起成了"单子会"，看来当今的"单子会"就是过去的"人祖会"，纪念女娲、伏羲等圣贤，而现在只是纪念老母的庙会了。

农历三月三日类似于中国的"情人节"。这一天汉、壮、苗、瑶、侗、白、布依、黎、彝等多个民族举行丰富多彩的庆祝活动。"三月三"在汉族古代称上巳节。这一天，人们成群结队来到水边，洗澡洗衣，祓出祓除不洁。少男少女们则谈情说爱，幽会野合。这一天成为古代的婚配节日，周时以仲春二月为"媒月"。汉时则称"昏月"。《周礼·地官》载："仲春之月，令会男女，于是时也，奔者不禁。"①《白虎通》谓："嫁娶必以春者，春，天地交通，万物始生，阴阳交接之时也。"三月三可能由此演变而来。不过有人说三月三，节号"上巳"，是魏晋以后开始的。古时用干支记日，上巳则是三月的第一个巳日的意思。旧时陕西临潼县每年三月三祭祀娘娘庙，名为"单子会"。这一天，不育妇女身上揣着一个布娃娃赴会，在外与人野合，留宿一夜。有的媳妇羞于赴会，公婆还主动催她到外面"风流"一天，两人可在窑洞或林中同居，这实际上和有些地方跳交合舞蹈甚至在夜间野合的遗风是一样的。这些习俗与女娲崇拜、生殖崇拜有直接关联。既然古时的三月三日人们用上山幽会找情伴的方式祭祀老母，反映出老母作为"高媒"很关心人们的姻缘问题。

　　人们在现代小说中也对骊山老母这个"高媒"形象不惜笔墨。《鱼菱村女子》这部书中有一句话体现了老母作为媒人的功劳：大巧儿白费了唇舌，心里恼怒便口气尖酸放起刁来，说："婶子，您这是瞧不起媳妇才不赏脸，只怕换个有头有脸儿的媒人您就得改口。"我的祖母也上了火，说："你就是搬来骊山老母做媒人，我也不同意。"②看来，小说里骊山老母帮女弟子找姻缘的媒人形象已在人们心中扎了根。

---

① 杨天宇：《周礼译注》，上海：上海古籍出版社2004年版，第162页。
② 刘绍棠：《鱼菱村女子》，哈尔滨：黑龙江人民出版社1990年版，第103页。

祭祀活动及庙宇的设置最早被最高统治者所掌控，限制群众的参与。只有祭祀与群众信仰发生契机，庙会的发生才有了必要的条件。当今的庙会可以说是一种特殊的民俗文化现象，它既与一定的宗教信仰有关，又与一般的"会"有一定的区别；它既是民众性习俗，又不同于一般的宗教集会；是平民百姓自发形成的一种集娱乐、贸易、交流于一体的综合性文化活动。庙会期间，骊山的车站、商场、饭店到处都是顾客盈门、生意兴隆的景象。在民众的庙会活动中，除必须的信仰祭祀活动外，最吸引人的还数娱乐活动和吃喝买卖的大众行为。演戏、灯会、杂耍、武术表演等，往往集中在了一起。至于庙会的买卖，则是五花八门，不用说香纸供品，就连生活用的、小儿玩的、生产工具应有尽有，庙会就是一个市场。在庙会上不少人来烧香还愿，求生贵子，祈祷平安吉祥，但更多人来庙会看热闹、买东西。人们兴犹未尽，流连忘返。老母庙会用较少的投入带来了很大的经济效益，给各行各业、方方面面都带来了生机与活力。因此，祭神、游乐、贸易三位一体的庙会习俗为古老的骊山文化增添了活力。

庙会之日，骊山东、西绣岭上的大小寺、观、庙、院不分佛道，到处都是香客盈门，香烟缭绕，钟声阵阵，求子还愿的人头攒动。更有趣的是，祈子者向骊山老母祷告求子，殿中老道赠与祈求者红绳拴铜钱。会期三天三夜，山上山下，城内大街小巷，游客云集，鞭炮之声隆隆，古乐戏曲之声充耳，食堂小店供不应求，大小旅舍满员，热闹通宵达旦。平日和骊山老母庙会的进香都是香客自发的行为，人们的祭祀没有官方机构和其他组织形式干预，所以具有多样性和随意性。人们完全按照自己的意愿安排行程烧香、拜神。庙会当天老母殿实在人太多，人们无法到神前跪拜，他们有些在殿外作揖烧香,有些在离雕塑不远处跪拜,甚至有些青年人竟直接烧香,插入香炉后便转身离开。大家都觉得只要到了老母殿,烧了香、祷告之后就算对老母尽到了诚心。

骊山老母这位流传千年、香火不衰的女神,历经时代的演变,她的形象、地位及仪式已经有相当多样的象征意义了。在这些香客中,妇女居多,这与她们的生活经验和进香的关系密切。据走访,一些参加三天庙会的信徒,平均年龄在四十到五十岁,其共同特征是知识水平低、经济地位低,大多数来自周边务农的家庭。这些妇女从结婚、生养儿女、操持家务,从为人媳妇到熬成婆,过了大半生贫苦、操劳的岁月。她们怀着一种素朴的心愿:只要一家大小能平安就好!人们祈求老母为了消灾避害。骊山老母神通浩荡,法力无边,给信男信女带来了最美好的希望。人们期盼老母为其消灾治病、生子延后、平安健康。那些受苦最深而又为社会所边缘化的妇女,她们慈眉善目,有着一颗善良的心,对神明的信仰更为虔诚和痴迷。

骊山老母信仰者虽以女性居多,可每日都有陕西乃至其他省的善男信女纷纷涌到骊山进香祈拜。他们不远千里上骊山进香,一步一个脚印地到庙里求签烧纸,希望自己的真诚行为可以感动神灵。有许多六七十岁的老太太艰难地一步一步前行,虽然有些累,但是她们心里有股劲,对老母的信仰是她们前进的动力,鼓励她们登山到老母宫祭拜。这些老者怀着各种心愿祈求神灵对生活予以帮助。骊山老母信仰具有传播和感染力,香客自己或者他人的"灵验"经历口碑相传,影响带动着周围人对老母神力的信服。在这些烧香拜佛的人中,只要有一个人感受到老母的显灵或神灵帮助的灵验,身边的人都会感受到老母的力量。

早期道教有三大支派。巫鬼道发展为后世符箓派，用符箓祈禳，以消灾却祸、治病除瘟、济生度死；黄老道发展为后世养性行气的内丹派，主要通过人的修养以求长生；方仙道是后世采药炼丹的外丹一分支，志在永生不死。这是因为中国不同于西方，西方人多把希望寄托在万能的上帝身上，他们寻求来世彼岸的灵魂解脱。中国人则比较现实，祈求世俗尘世的超越。人们选择祈求长生不老、自由快乐的成仙之道。人们思索人世的烦恼与困难，归纳了八种苦——生、老、病、死、嗔、怨、爱、离。道教认为致使人们五蕴炽盛的原因来源于我们生活苦恼的本体。人们要想解决生活上的这些烦恼与痛苦，一定要一心虔诚修道，让心里有宗教寄托。人们求老母赐福，也免不了要让这位女神消除生活中的八苦。所以，祭拜骊山老母被人们转化成了对现实生活关注的表现。

今天看到老母殿里烧香磕头、求神拜佛的人们，他们祈求子孙满堂、祛病免灾、升官发财、荣华富贵等现实性问题和入世性功利的目的，绝非一种无他无我、六根净绝的超世境界。老母庙会从农历六月十三开始持续一周时间，这期间不论是白天还是黑夜，山上到处都是人。有早上一大早就上去的，有中午和下午上山的，还有晚上往上爬的。晚上11点到12点间，从远处望去老母殿内香火极旺，香烟滚滚而起升入半空。人们把从山下买的很粗很长的香虔诚地扛到山上，可是由于香火太多，老母殿出台了不让外香入内的政策。但是，还是阻止不了人们带香的行为。

人们祈求老母给自己带来健康，因为她是一位医药养生女神。老母成为养生女神是与仙道方术相关的。道教主张"我命在我不在天，还丹成金亿万年"的思想，假外物以自坚固的"黄白术"。黄指金，白指银，丹的本意为丹砂。与此同时，社会上流传的"十道九医"之说,与道教的宗旨也有着密切的关系。道教是一个既入世又出世的宗教。出世方面表现为得道成仙;入世方面则体现在济世救人上。古代的道士行医,为人们看病,就是济世救人的一个重要表现。古代为人治病就是"有道者",相反"有道者"却不一定能够给人治病。"有道者"治疗范围非常广,小到感冒发烧、头疼脑热,大到国家不顺、地区不安的社会治理都纳入其管理范畴。这正是"下医医人,上医医国"的体现。懂得医药知识是道教中的许多神仙必备的技能之一。老母为养生女神帮人治病,驱逐疾痛。难怪现在道教养生学里有"骊山老母绝谷麦饭术"和"骊山老母胎息诀"的记录。这些养生之道教人们如何保全真气精神,不动不静,常守本源,近乎仙道。

敦煌出土的《道教养生妙诀》记述了这样的传说故事:三霄在武王伐纣时被斩封神,但心里不服。老母便收她们为徒弟,传之以道,悉心调教,终于使她们修成正果。三霄为了报答骊山老母的教育之恩,每天分别用金盘、银盘和玉盘向老母献上味道十分鲜美的粥,然后再供上菊茶甜水。老母十分高兴,每过生日便让三霄将粥施舍与大众,让大家都能喝上这种甜美的粥,得以延年益寿。[①]粥在中国可以说是与参汤媲美的养生之汤。它上面浮着一层细腻、黏稠物质,中医里叫作"米油",俗称粥油,有很强的滋补作用,可补中益气、健脾和胃。清代赵学敏撰写的《本草纲目拾遗》中记载,米油"黑瘦者食之,百日即肥白,以其滋阴之功,胜于熟地,每日能撇出一碗,淡服最佳"。老母通过让大家分享粥而得到健康,不愧是一位注重养生、指导人们健康饮食的营养师。在今日

---

① 一羽:《骊山老母纪》,西安:陕西人民出版社 2000 年版,第 25 页。

的老母盛会上，人们还吃着老母遗馈的营养粥，享受着热闹的庙会气氛。煮粥和盛水用的器具是东边财神殿门口的铁锅、铁缸，象征着道家水火既济、阴阳和谐的统一。铁锅、铁缸均是明万历戊子年铸造的，铁锅高 0.73 米，径口 1.25 米，重 750 公斤；铁缸高 1.29 米，径口 1.08 米，重 750 公斤。

　　对于有着各种特殊生命经历和苦痛遭遇的人们来说，诸如难治的病症、婚姻问题、工作不如意、意外灾难等，他们参加祭拜烧香主要是希望能以最虔诚的方式，完成对老母的祈求。还有如愿以偿的祈求者，因当时的许愿已实现，所以就来还愿。进香许愿和还愿，可能是众多民间信仰仪式行为里较能提供个人生活经历和反思人生的行为。信徒向老母许愿，不但增强一份来自信仰的信心，而且在许愿时，向神明说清楚事情和问题的由来。信徒们对神灵重述自我经历，生存遭遇，他们对自己状况的理解和诠释，经过漫长的进香路途和繁复的仪式过程后，最终以对神灵的烧香祈拜和致谢画上句号。对他们而言，参加进香还愿，就是履行自己曾许下的诺言。他们认为对神明有交代，就等于对自己有交代。还愿也表现了信徒对神的诚信与做人的诚信原则。所以人们这样认为，一个对神明很诚信的人，他的为人也不会差。

　　老母庙会时，上大殿抽签的人很多，常常人如潮涌，争先恐后，踊跃异常。究其缘故，原来是神灵签应，默契天地人心之故。像求签这种民间信仰形式，人们无法用理性去推断。当人们觉得凭自己的理性已经无法处理疑难险阻时，便会求助于老母圣签对他们的命运进行预测和指引。当然求签也不仅限于道观，佛教的观音堂也是人们常去求签的地方。这反映了老百姓崇拜的多神性，他们求神颇有实用性，只要神仙"灵"，自然香火旺。至于神明是谁，在神仙世界中有何等地位都不太重要，只要在民间神力大，人们都去叩拜。一般民众谈不上对哪种宗教有特别虔诚的心愿。

庙会前夕，老母殿总要提前准备，动员全体工作人员做好过会的各项准备工作。这些繁杂事务包括老母殿内部工作人员的工作分配、外来帮会人员的工作议程、各项招待服务工作的应酬准备、香客焚香时的安全指引、茶饭供应的应急准备、祭拜老母信众的抽签的接待情况以及殿内殿外各种安全工作与卫生情况，等等。

庙会期间，按照风俗习惯，骊山还邀请道教重要人士到山上庙宇开光，为八方香客制作各类纪念品。各地游客、香客在游山玩水的同时，还能观赏到秦腔折子戏等各类民间艺术表演。庙会期间的安全被景区所重视，工作人员制定了详细的安全措施，确保道路通畅、秩序良好。为了避免烧香高峰，远近数百平方公里的男女老少，总有抢着赶烧头香或者提前上山赶早向骊山老母进香的。老太太还供上自己的供果，庙里的道姑还要将老母的供果给老太太几个，馈赠供果的老太太吃了供果是会带来福气的。进了香，许了愿，在庙里庙外过了夜，随后就要下山了。庙会持续的主要三天，不论是白天还是黑夜，骊山上下人山人海、挨肩擦背。老母殿内也不分白天黑夜，人们出出进进，人声鼎沸，热闹非凡。即使夜幕降临，人们流连忘返、不愿离去。平时每天早上就是一些晨练的人，而庙会那几天早上下山的人络绎不绝。

人们与亲朋、好友、家人团团坐定，铺着各式各样的床单，通宵交谈，享受着老母庙会带来的祥和气氛。人们忘记疲劳、想方设法参加一年一度的庙会祈福。有人借着高兴的情绪，吼起秦腔豫剧；有人清唱一曲，也有人吹拉弹奏……小孩和青年人借着庙会休闲自己，烧香磕头，可是他们大多数已经对庙会的由来和习俗知之甚少。

人们尽情享受着庙会的氛围与节日的快乐。对于当地的劳动人民，这一庙会是他们在夏收大忙后上山避暑的节日，是一个休闲放松的好时机。

老母殿外西南角有一株翁翁郁郁的老皂荚树，据《华清史话》记述：此树是唐玄宗李隆基与杨玉环七月七日长生殿亲手栽植的第一棵树。"在天愿作比翼鸟，在地愿为连理枝"是他们的爱情誓言，这棵树是爱情的见证。①老皂荚树那粗壮的身躯和伸向苍穹的手臂，见证了老母殿久远的历史。此树历经千年风雨雪霜，依然盘根错节，树叶繁茂。它那犹如胎儿脐带般的条条根茎，深深地连接着大地，吸吮着大地母亲的气血精华。因感悟老母磅礴灵气，树身一人高处渐显猪八戒脸形，其额头上生出一双角，呈现龙首麒麟之形。道法自然而然，弘老母之德隆，也彰显宇宙万物禀道生为一体的自然法则。这棵树高14.5米，胸径3米，树干高1.5米，树冠覆盖面积104平方米，约有450年的历史。树上的突出树瘤就是《西游记》中猪八戒的头像，故称"八戒树"或"悟能显形树"。

关于这棵"八戒树"有一则传说。相传唐玄奘师徒四人从西天取经归来途经骊山福崖寺（原名石瓮寺），唐僧在此讲经时，八戒被骊山暮春的美景吸引，偷偷溜出寺外游山玩水。当他来到西绣岭的老母殿时，见供桌上摆着丰盛的美味佳肴，伸手便去享用。骊山老母的三个女儿见状大怒，用定身法将八戒定在皂荚树上，罚他为骊山老母看守庙宇。这便是这棵树显猪形的来历。

游人到这棵皂荚树前，这里春夏秋枝繁叶茂，一片绿意盎然。

---

① 西安市政协文史资料委员会编：《西安文史资料（第28辑）·西安佛寺道观》，西安：陕西人民出版社2009年版，第380页。

许多人会在树上系一条红丝带，以求青春永驻，健康长寿。这许许多多的红线或红布条系在皂荚树的树枝上，被称为"拴子"，给游客留下了极为深刻的印象。"拴子"是"拴枝"的谐音，意为"拴"一个儿子回家。中国古代习俗中有在树杈上压一块石头的讲究，名曰"压子"。现在社会，人们可能怕树上压满的大大小小石头会影响树木的生长和成材，"压石"现象就被萌发出的一种新意念而取代，这就是向树枝上拴系红毛线和红布条（意会"拴娃娃""拴喜"）。挂满红布条的老皂荚树成为老母殿旁的一大景观。在中国传统文化中，"不孝有三，无后为大"。旧中国妇女不能生育是奇耻大辱，甚至成为被丈夫抛弃的借口。许多古代小说、史书中都有所记载，难怪旧中国形成了许许多多形形色色的求子习俗。这一点佛教与道教大相径庭，佛教里剪发旷衣，毁貌易性，弃绝妻子、断绝宗祀的思想与中国传统礼教格格不入。可是道教与儒教结合甚佳，把儒家提到的延续后代问题放在人们需求首位，并求助于得到女神的帮助予以解决。正因为这样，中国民间信仰的送子娘娘，大多来自道观。在当今社会，不能生育虽然没有像过去那样严重，可是女性觉得很有压力。因此，婚后数年未能怀孕生子的妇女，便迫不及待地走向漫漫的"求子"路。中国人对传宗接代的重视一直延续至今，什么"子孙娘娘""送生娘娘""送子娘娘"等，甚至观音这个佛教中的神也被请进了道观，为的就是解决女人的生育问题。骊山老母作为一个女性神仙自然就有了为人们送子的功能，她成了很多妇女满足求子心愿的神灵。

拴红丝带对求姻缘的人来说有着不一般的意义。这个风俗与专管婚姻的"媒神"月下老人有关。有关"月老"的传说，有一个有趣的故事。据说唐朝有一个叫韦固的人，从小是孤儿，长大后的一天晚上,他遇到了一个奇异的老人,正靠着一个布口袋坐着,在月光下翻着书。韦固便问这位老人所看何书,老人回答道:"天下之婚牍耳。"即囊中红绳把世间男女之足系在一起。韦固又问袋中何物,老人说:"赤绳子,以系夫妇之足,虽仇敌之家,贫贱悬隔,天涯从宦,吴楚异乡,此绳一系,终不可逭。"①这就是我们的千年俗语"千里姻缘一线牵"的出处。年轻人在老母殿旁的树上系红带,希望能牵到另一半,与有情人相遇并共度一生。情侣在这里追求爱情,也与唐玄宗和杨贵妃的爱情有关。他们曾经在骊山的长生殿前亲手栽植的皂荚树,见证了"在天愿作比翼鸟,在地愿为连理枝"的忠贞爱情。

现在拴红线被拴红布条所取代。人们买来已经用黄线绣好的各种吉言布条,用自己的笔写上自己心中的期待或愿望。内容丰富多彩,吉言各式各样:有求家人健康平安的、家里和睦相处的、自己事业工作一帆风顺的、孩子求学路途进步的、生意兴隆的、父母长寿的,等等。骊山老母殿前的皂荚树用一圈围栏圈住,这些布条就绑在栏杆上。树上早已被其他先来祈求者挂得满满当当。庙会期间人们买吉祥的红布条挂在脖子上,布条上写有各种各样的内容:好人一生平安(一路平安)、心想事成(一帆风顺)、岁岁平安、健康长寿(福星高照)、长命百岁等。每根布条的右下角写着"鸿之福"三个小字。人们还买用桃木制成、开了光的"骊山老母符"坠子带在身上。桃符正面刻有"老母赐福",后面刻有"永保平安"四字。每根红布条代表了人们对美好的期待和向往,也代表着人们美好的

---

① 周庆安:《探秘诸神背后的真相》,郑州:中原出版传媒集团2009年版,第100页。

精神世界。

信众对老母的虔诚和敬畏是一种无限的感觉和鉴赏。精神有所归宿使人们精神生活丰富，心灵得到净化。正像荣格通过长期临床诊断发现，宗教观念实际是人们精神生活中不可或缺的一个组成部分，凭借着宗教观念，所谓历史的连续感才能形成，而相当一部分心理病患者的病因在于他们丧失了原有宗教信仰的意义和以往使自己成为信徒的那种东西。[1]由此可见，信仰对于人们的作用很大，没有了信仰，人们的精神很有可能出问题。人们对超自然力量及其象征物所产生的一种体验是在宗教环境中培养，平日祭祀和庙会活动中逐渐熏陶出来的。人们认同了骊山老母这个神明，与这位女神产生了特定的心理活动和心理感受。老母使信仰者心中的许愿灵验，人们自然对于帮助过他们的神灵拥有感激之情，这种心态又转化为对她的一种敬仰、报答、崇拜、颂扬的行为。

---

[1] 沙莲香主编：《社会心理学》，北京：中国人民大学出版社2011年版，第279页。

结 论

　　道教有着自己独特的性别意识,是世界上比较尊重女性的宗教。道教认为,"道"是万物的本源,由道而生成混沌之气,混沌之气又分为阴阳二气,二气交融,而生成宇宙万物,从阴阳和谐出发,重视阴柔的作用,是一种主阴的思想。自然界有天有地,人类社会有男有女,这都是阴阳之道的不同体现,那么,女性作为人类社会中阴的象征,也一样是道的体现,因而具有重要的地位和作用。① 生命的存在与繁衍乃人类的头等大事,天地的阴阳生生不息,人类由男女而延续生命,人类世界才有了不断的发展和延续。女性为繁衍生命发挥着无可替代的作用,女性的劳动、女性的技能、女性的生物性,支配了人类的命运。由此形成了道教独有的贵柔崇阴、尊重妇女、赞美妇女的理念。正因为道教中女性较为宽松的环境,造就了众多的女神和女仙崇拜,新生命的破土而出,象征母亲衍生出的新生事物从一开始。传统观念中复杂、有力的女神概念实际上是古代母亲的化身。从渊源上说,母系氏族社会的原始宗教是道教重要的文化渊源,女性崇拜传统让道教将原始宗教中的女神搜罗到自己的神仙谱系家族里。随着时代的发展,还将古代社会上有一定影响的女性发展成神仙,同时还不断地创造新的女性神仙。道教不遗

---

① 色音:《民俗文化与宗教信仰》,北京:知识产权出版社 2011 年版,第 12 页。

余力地描绘、渲染女仙的美丽、长寿和无所不能的神通,让道教女仙们有着绚丽的色彩和吸引人的魅力。她们有善良的品行、高尚的情操,这些都是理想人物的化身和升格。杜光庭作《墉城集仙录》专记女性神仙,将女仙崇拜的明证用一本书记录了下来。

民间流传已久的千年女神骊山老母,可以上推到七八千年前的女娲氏。她是"伟大的女神",被当地人认为是人类原初的母亲,其身份或是商代骊戎国之女,或秦之先胥轩妻的神话英雄人物,也可能是惩罚秦始皇或汉武帝的女仙。最后,人们熟知的骊山老母又称"骊山姥",或"黎山老母",这个名字是在唐朝出现的,她的法力一下子变得很大,成了小说家笔中描写的常见女神之一。老母补天的传说印证了人类原始母性造人、女性崇拜的时代印记;骊戎族的部落女首领形象可能是骊山老母在明清后小说出现的战神"原型";到了唐宋的小说,老母又成了广收门徒的女仙,她教化徒弟,这说明女性有着和男性一样教育人的导师身份。老母的神力带有先知先觉对未来预测的意识,这种特殊的创造力让她有了教化人类英雄或伟人的责任,让她在小说中成了设计、发现、揭示战争或事件规律的神人。骊山老母被认为是一个酋长,她兼有人和神两重身份,在远古时代她不仅是一个部落的"人王",而且也有着上古巫术仪式中女祭司的形象。女英雄的酋长身份是部族的最高权威,是天地鬼神的代言人,也负责着本部落的祭祀责任。所以,骊山老母在后来的小说中自然有着指挥家的才略和胆识,必然也有着战场上搏杀和争斗的一面。

骊山老母补天的功绩类似于希腊彩虹女神拯救干旱的巴伐利亚人民的行为,她们善良的母性本心让女神们成为人们心中与神沟通的心桥,扮演着神和人的中介角色。骊山老母负责将人的祈求、幸福、悲哀、怨怒、祝福传递给仙界；同时，她又将神的旨意传递给人间，让人们很好地生活、解决矛盾，成了至高无上"神"的崇高画像。老母在唐后期的小说中扮演着战神的角色，颇似印度的"难近母"，她们有着大母神兼战神的形象。像她们这样的母亲神，帮人们延续着后代。远古时期女性为了保护其后代的成长和生活，不得不有着像母狼在哺乳期护幼崽的凶恶和不敢接近性。女神也有向人们展示严酷和凶残的一面，这也就不难理解各个民族最早的女战士，或如女战神一般的传说英雄人物了。中国的妇好，是一位杰出的军事统帅，也是一位优秀的女政治家，她率领军队东征西讨为武丁拓展疆土，她所向披靡令人闻风丧胆；女娲因共工撞坏了不周山，与他激战；古希腊的雅典娜女神，承担着帮助人们丰产的职责，这实际上是帮人类续后的职责延伸，她是和平劳动的庇护者，这位女战神曾经帮助过不少希腊英雄，如英雄佩尔修斯，保护"阿尔戈"英雄远航，自己也亲自参与同巨灵的鏖战；苏美尔人称为金星神的伊南娜，她既是天上的女神，又是乌鲁克城的保护神，她将滋润万物的生命之水赐予人，让她的人民延续后代；瓦尔基里是日耳曼神话中的神灵，她是骑着骏马在天空中飞行的少女神。古代各国女神都有着自己血亲的联系，代表着人类基本活动的组织结构原型。她们独特的长相或武器赋予了这些女神超越常人的特长，自然担当了拯救人类的重任。正如英国迈尔斯所说："女神是女性自我的化身，她发端于人类历史中，也展现在每一个女性个体的历史中。"[①]就这样，女神就有了女人的本属职责和超越人的神力。

地域的独特与多样性，造成了各地不同的特殊地域文化，构成

---

① 迈尔斯：《女人的历史》，北京：中央编译出版社2011年版，第24页。

了世界文化遗产和精神财富的一部分。骊山老母没有成为观世音菩萨那样几乎被全中国普遍接受、认可的万能女神，也没有像西王母那样被学者给予很多的研究与关注，更没有像妈祖在人们心目中的巨大影响力。但是她作为一个地域性女仙，贯穿古今，在时间线上从来没有间断过。西方已经有学者提及过这位女神，当然，这位女神的身份认同在学术界还有争议。笔者认为，她不是女娲，只是点滴史料上的一些女娲逸事让人们把骊山老母和女娲联系在一起，以便增加她的神力。秦始皇和汉武帝在骊山遇到姿色艳美的女仙是史料中的虚构故事，开启了骊山老母作为一个独立女神存在的历史渊源。直到唐朝李筌在骊山上遇到授《阴符经》的一个神秘老太太后，"骊山老母"才正儿八经成为骊山上的一个信仰，作为一个独立的女仙在历史上有了记述和文学流传。骊山老母的神话母题与其他女仙横向的比较研究,让人们明白了各个女仙信仰的普适性和差异性，然而诸多的横向比较拓展出了神话中具有跨民族和国界的同质性母题，引申出了代表着人类思维模式的同一性特质。骊山老母这样的神话母题，她的身份塑造借助幻想和虚构，后来她在小说中的描写也都表达了一个奇特荒诞的故事。这和远古神话时代初露端倪的女神塑造不差上下。《张俞游骊山作记》是一个奇特荒诞的梦境，全凭作者的想象把骊山女神请进张俞的梦里。不仅如此，骊山老母在诸多小说中的形象，完全借助作者的大胆想象和虚构，塑造了一个丰满的女神形象。老母的诸多女弟子在小说中被借用神话想象来表现她们非凡的能力，这些女弟子都有自己的法宝，有了武器的女性，和男人一样上前线战斗。她们对战争局势运筹帷幄，知己知彼，展示出了人类早期女性为了保部落和捕食所与生俱来的强大战斗力。

在陈泰先编著的书里是这样介绍骊山老母身份的：据说，骊山老母生于商末周初时期的骊山,她本姓姜,嫁给胥轩为妻,因为她武艺高强,且得高人传授,精玄理兵法,除暴安良,受骊山先民崇拜,奉为神明。到了唐宋时期,被人尊称为"骊山老母"。[①]古代帝王对骊山女神的祭祀行为和普通民众对她的虔诚信仰,所谓上层文化和下层文化相互沟通促使老母信仰历史延续,上下层文化彼此的推动对以老母为旗帜的信仰有着不可小觑的作用。尤其是在旅游经济迅猛发展的情况下,骊山老母信仰被政府及旅游部门利用,庙会盛况空前。前来祭拜老母的人不一定是信仰她的人,有的是为了观光游览,有的是为了休闲度假,当然也有见神就拜以烧香朝拜为目的的。然而,在虔诚的信仰者心中,骊山老母地位崇高,是一位帮人们解决实际问题的仙人,她为人们送子、催生、治病、保佑子孙多福、长寿,她什么好事都做。人们进香许愿,就是为了生活更加美好。

当下非物质文化遗产的挖掘与保护很多,它们是社会滋生、保存和发展民俗文化的一部分,体现了民族精神和民族文化的内容,展现了色彩缤纷的民族文化传统。骊山老母有着悠久的历史流变,对她的信仰在临潼当地有着一些活生生的民间活动和历史遗迹。骊山东绣岭,至今有"女娲炼石处"遗址,山上还有"滚磨成婚"的物证。每年农历二月二十日,家家户户烙麦饼吃,并将一张饼扔到房顶上,用这种方式祭祀女娲氏炼石补天。清朝末年,每年六月初四晚,在骊山老母殿下一片树林里举行"打狼会"(打郎会),此活动创造了男女相约的机会,投射了古老原始氏族婚姻制度的图景。像这样"活"的民族活动,是特殊生活、审美习惯的显现,并且依

[①] 陈泰先编:《神的由来》,北京:中国华侨出版社2011年版,第220页。

托于人本身而存在,以人的身口相传作为文化链而延续。因此,民俗事象是"活"文化及其传统中易消失的部分,应当给予充分的重视,让它们延续下去。骊山老母信仰研究有助于保护行将遗忘、与信仰相关的民俗事项,还丰富了多彩的民俗生活,使多样百态的民众生活予以延续。

当然,由于骊山老母研究母题自身的局限性和笔者的浅陋学识,研究中遇到了一些实际问题:其一,由于研究对象在当地没有那么多的忠实信奉者,人们只是觉得这个女神很有神力,也信奉她,可往往就本着一求二拜的原则,对她的身份、来历不清楚。原本我想挖掘出较有价值的百姓传说,以及口耳相传原生态活的民俗例子,可是由于老母祭祀还未形成有组织的民间活动,也未发现鲜活的"奇异"事件,就只能依赖较多的小说文本找研究素材了。其二,唐朝后期的小说有描写骊山老母的形象,可是篇幅不多,老母在小说中只是一个角色而已,未占作者更多的笔墨。又由于我挖掘资料和分析资料的能力有限,没有提炼出令人满意的文学历史流传形象。其三,骊山老母大型祭拜在每年一次的农历六月十六庙会前后举行,平日并没有有组织的祭祀活动,更没有像泰山老母那样的香社组织。以骊山老母信仰为活动的当地民俗生活印记无迹可寻,民俗调研没有挖出新鲜材料和例子,形式与其他神仙祭祀无异。

参考文献

［1］饶宗颐. 老子想尔注校证［M］. 上海：上海古籍出版社，1991.
［2］武锋.《葛洪抱朴子外篇》研究［M］. 北京：光明日报出版社，2010.
［3］张继禹. 道法自然与环境保护［M］. 北京：华夏出版社，1998.
［4］释净空. 太上感应篇讲记［M］. 北京：线装书局，2010.
［5］程国政. 管子雅话［M］. 武汉：长江文艺出版社，2003.
［6］袁珂. 山海经校注［M］. 上海：上海古籍出版社，1983.
［7］杨天宇. 周礼译注［M］. 上海：上海古籍出版社，2004.
［8］黄树民. 乡土中国的变迁：美国学者在山东邹平的社会研究［M］. 济南：山东人民出版社，1981.
［9］陈炎. 中国审美文化史（唐宋卷）［M］. 上海：上海古籍出版社，2013.
［10］朱可先，程健君. 神话与民俗［M］. 台北：东华书局，1990.
［11］李养正. 道教与中国社会［M］. 北京：中国华侨出版公司，1989.
［12］任宗权. 道教戒律学［M］. 北京：宗教文化出版社，1999.
［13］石怡. 神话传奇寻史迹［M］. 北京：中国戏剧出版社，2008年.
［14］周庆安. 探秘诸神背后的真相［M］. 郑州：中原出版传媒集团，2009.
［15］罗伟国. 话说道教［M］. 银川：宁夏人民出版社，1994.
［16］沙莲香. 社会心理学［M］，北京：中国人民大学出版社，2011.
［17］幺书仪. 元人杂剧与元代社会［M］. 北京：北京大学出版社，1997.
［18］周高德. 道教文化与生活［M］. 北京：宗教文化出版社，2004.
［19］李丰楙. 仙境与游历：神仙世界的想象［M］. 北京：中华书局，2010.
［20］范恩君. 道教神仙信仰［M］. 北京：宗教文化出版社，2007.
［21］陈泰仙. 神的由来［M］. 北京：中国华侨出版社，2011.
［22］朱芳圃. 中国古代神话与史实［M］. 郑州：中州书画社，1982.
［23］袁珂. 古神话选释［M］. 北京：人民文学出版社，1979.

［24］袁珂. 中国神话传说［M］. 上海：上海辞书出版社，1985.

［25］吕继祥. 泰山娘娘信仰［M］. 北京：学苑出版社，1994.

［26］周郢. 泰山与中华文化［M］. 济南：山东友谊出版社，2010年。

［27］马书田. 华夏诸神［M］. 北京：北京燕山出版社，1999.

［28］曹英. 中国神秘文化鉴赏大全［M］. 北京：金城出版社，1998.

［29］袁爱国，周谦. 泰山神文化［M］. 济南：山东大学出版社，1991.

［30］萧玉寒. 九天玄女传［M］. 沈阳：春风文艺出版社，1994.

［31］杨利惠. 女娲溯源：女娲信仰起源地的再推测［M］. 北京：北京师范大学出版社，1999.

［32］赵国华. 生殖崇拜文化论［M］. 北京：中国社会科学出版社，1990.

［33］戴维·利明，埃德温·贝尔德. 神话学［M］. 上海：上海人民出版社，1990.

［34］韦思谛. 中国大众宗教［M］. 南京：江苏人民出版社，2006.

［35］迈尔斯. 女人的历史［M］. 北京：中央编译出版社，2011.

［36］弗雷泽. 金枝［M］. 西安：陕西师范大学出版社，2010.

［37］李泰. 括地志［M］. 北京：中华书局，1980.

［38］罗懋登. 三宝太监西洋记［M］. 上海：上海古籍出版社，1985.

［39］吕熊. 女仙外史［M］. 济南：齐鲁书社，1997.

［40］颜慧云，陈襄民. 郑廷玉集［M］. 郑州：中州古籍出版社，1997.

［41］吴承恩. 西游记［M］. 长沙：岳麓书社，2006.

［42］如莲居士. 反唐演义全传［M］. 北京：华夏出版社，1995.

［43］曾朴，王培元. 孽海花［M］. 济南：齐鲁书社，1995.

［44］曹雪芹，高鄂. 红楼梦［M］. 济南：齐鲁书社，2007.

［45］梅鼎祚. 明清文言小说选刊［M］. 郑州：中州古籍出版社，1989.

［46］罗贯中，冯梦龙. 三遂平妖传［M］. 北京：中华书局，2004.

［47］许仲琳. 封神演义［M］. 上海：上海古籍出版社，1997.

［48］楞严阁主. 神怪列国志［M］. 北京：中国民间文艺出版社，1989.

［49］裴效维. 杨家将演义［M］. 北京：宝文堂书店，1980.

［50］李雨堂. 狄家将［M］. 北京：中国文史出版社，2003.

［51］牟玲生. 西安通览［M］. 西安：陕西人民出版社，1993.

［52］一羽. 骊山老母纪［M］. 西安：陕西人民出版社，2000.
［53］西安市政协文史资料委员会. 西安文史资料第 28 辑. 西安佛寺道观［M］. 西安：陕西人民出版社，2009.
［54］骆天骧，黄永年. 类编长安志［M］. 北京：中华书局，1990.
［55］赵廷瑞. 陕西通志［M］. 西安：三秦出版社，2006.
［56］徐文靖. 管城硕记［M］. 北京：中华书局，1998.
［57］武伯纶. 西安历史述略［M］. 西安：陕西人民出版社，1979.
［58］王利器. 风俗通义校注［M］. 北京：中华书局，1981.
［59］李炳武. 骊山女娲文化论文集［M］. 西安：三秦出版社，2006.
［60］陕西省临潼县地方志编纂委员会. 临潼县志［M］. 上海人民出版社，1991.
［61］解长峰. 陕西名胜概览［M］. 西安：三秦出版社，2006.
［62］刘安秦. 长安地志［M］. 西安：西安出版社，2007.
［63］李昉. 太平广记［M］. 北京：中华书局，1961.
［64］葛慧. 三秦史话：西安地名趣谈［M］. 西安：三秦出版社，2005.
［65］西安市地方志馆. 西安今古［M］. 西安：陕西人民出版社，1986.
［66］金明立，高锋. 骊山老母宫［M］. 西安：骊山旅游文化管理委员会（内部资料），2000.
［67］张敏，张宁. 骊山史话［M］. 西安：三秦出版社，2003.
［68］欧大年（Daniel Overmyer）. 中国宗教：乡野之国（Chinese Religion：The State of Field）［J］. 亚洲研究学报（The Journal of Asian Studies），1995（2）.
［69］刘相雨. 古代小说中骊山老母形象的演化及文化阐释［J］. 阜阳师范学院学报（社会科学版），2004（2）.
［70］杨东晨. 骊山老母非女娲［J］. 华夏文化，2011（2）.
［71］陈进国. 李筌《黄帝阴符经疏》的真伪考略［J］. 中国道教，2002（4）.
［72］陈颖，陈速. 骊山老母考辨［J］. 科学中国人，1999（10）.
［73］Susan Mann. Precious Records: Women in China's Long Eighteenth Century［M］. Stanford University Press, 1997.
［74］Martin Emily. Gender and Ideological Difference in Representations of Life and Death. In J. L. Watson and E. S. Rawski（eds）［M］. Death Ritual in

Late Imperial and Modern China, Berkeley: University of California Press, 1988.

[75] Maspero Henri. Taoism and Chinese Religion [M]. Amherst: University of Massachusetts Press, 1981.

[76] Victor H. Mair. The Contact and Exchange in the Ancient World [M]. Honolulu: University of Hawai'i Press, 2006.

[77] Suzanne Cahill. The Image of the Goddess: Hsi Wang Mu in Medieval Chinese Literature [D]. U. C. Berkeley, 1982.

[78] Steven P. Sangren. Female Gender in Chinese Religious Symbols: Kuan Yin, Ma Tsu, and the "Eternal Mother" [J]. Vol. 9, No. 1, Women and Religion Autumn, 1983.

后　记

　　骊山，中国享有盛名的旅游胜地。这里不仅景色秀丽，还充满着许多与历史有关的故事及逸事。秦始皇帝陵坐落于此，唐玄宗、杨贵妃两人的缠绵爱情在这里演绎，许多诗人在这里挥笔赋诗。不仅如此，这座山因为有了神仙而富有了灵气。正所谓"山不在高，有仙则名"。其实，民间流传已久的骊山老母可以上推到七八千年前的女娲氏。随后，这个女神成为商代的骊戎国女、秦之胥轩妻，亦是秦国的"宗主国"，也是惩罚秦始皇对她不礼的仙女。最后，人们熟知的骊山老母又称"骊山姥""黎山老母"，其形象在唐朝出现，她的法力一下子变得很大。笔者认为，这个骊山老母的出现应该是以在骊山活动过的女娲及其他众多女神为背景的。当今学界对女神信仰研究颇多，诸如女娲、西王母、妈祖、碧霞元君等，可是对骊山女神的专门论著却没有。因此，对骊山女神信仰的研究不仅为女神研究添柴加薪，而且对于说明骊山女神的原委有着重要意义。

　　女娲和骊山老母频频出现在有关骊山的资料和文章中。可是到底骊山女神指的是哪位神君呢？女娲与骊山到底有关系吗？后期史料中怎么又出现了骊山老母？好像骊山老母成了骊山的主神，而女娲在骊山的地位消失了。骊山女神到底是谁呢？当地人都知道是"骊山老母"，可是民间"误"认为骊山老母与女娲是一回事。即使是骊山旅游文化景点的解说词也把骊山女神与女娲混为一谈。基于人们思想中的混沌,本书旨在对以上问题予以解答,对骊山女神的身份予以确认,并在此基础上对与骊山女神相关的文献资料、民间习俗做进一步的研究。让人们清楚骊山女神的形成和演变,最终点明骊山女神实际上是多个女神的群体性而非某个单神。这个创新性尝试把骊山女神信仰放在历史发展中,从史料和文学作品中挖掘与骊山女神相关的材料,以"史""文"相结合的方式来探讨骊山女神形象。这主要包括以下三个方面:

其一,从文献资料上搜集骊山女神的信息,对这些材料进行梳理,从而对当下称"骊山老母"的真实身份从历史发展脉络予以澄清。骊山老母是中国民间崇拜的重要女神之一,有着深远而广泛的影响。其形象的构成,源自三个方面:一是历史人物形象;二是宗教神性形象;三是文学故事形象。三种来源,构建了一个相对完整的"人物——神性"的形象,在俗文学中呈现了具有一定艺术魅力的神格人物。其神性的来源,体现出了文明交流与互鉴的特性;其神性的崇拜,依赖于文学故事的推进和增益。

其二,"骊山老母"是唯一以"骊山"冠名的女神,这个词在唐朝正式出现。其后的一些小说中多次出现"骊山老母",她在里面的形象又如何呢?本书以骊山女神为研究对象,从审美文化的角度来研究,并将骊山女神与民间信仰中的同类女神如九天玄女、泰山女神、西王母等进行类比。

其三,人们的民俗事象是信仰的反映,与骊山女神信仰相关的诸多民俗活动体现了人们对女神的敬畏与崇拜。骊山周围至今保存着"六月会"(又叫"骊山老母女媒节""善嗣会""传子会""单子会")、"补天补地节"等多种习俗。对这些文化原型的研究,有助于把握人类史前文化时代的大传统。

人们的信仰最终会在民俗中得以充分体现。与骊山的女神信仰相关的民俗活动有"六月会""补天补地节"等，这些活动是如何体现女神信仰的？女神信仰又在民俗中有什么表现呢？笔者试图用文学人类学的方法、从民俗学的角度对骊山女神信仰进行剖析，尝试多角度分析。遗憾的是，田野调查成果有限。写作过程中曾多次实地考察骊山老母殿，走访当地村民，但收获甚微。当地村民对骊山女神的形象与身份缺乏明确认识，大家只是趁着老母庙会凑热闹，烧香祭拜，对与之相关的民俗仪式等也不甚了解。老母庙的祭祀活动也无独特之处，老母殿内工作人员对相应历史文化流变也不是很清楚，导致调查走访收获不大。

由于我的能力所限，此书中可能存在诸多错漏之处，还望学界专家不吝指正。在成书过程中，感谢西北大学社科处和西北大学外国语学院给予的帮助与支持，感谢西北大学出版社曹劲刚编辑认真细致地修改书稿。感谢之余，我也定将不负众望继续在自己民俗文化的研究中不断前行。

杨　柳

2023年7月于古城西安